小小旅行家

爸妈带我看世界

懂旅行更懂少年

法国卢瓦尔河谷城堡

［法］伊丽莎白·都蒙－勒·科内克 著 林娟 译

长江出版传媒｜崇文书局

On Children

Gibran

Your children are not your children.
They are the sons and daughters of life's longing for itself.
They come through you but not from you,
And though they are with you, yet they belong not to you.

You may give them your love but not your thoughts.
For they have their own thoughts.
You may house their bodies but not their souls.
For their souls dwell in the house of tomorrow,
Which you cannot visit, not even in your dreams.
You may strive to be like them,
But seek not to make them like you,
For life goes not backward nor tarries with yesterday.

You are the bows from which your children,
As living arrows are sent forth.
The archer sees the mark upon the path of the infinite,
And he bends you with his might,
That his arrows may go swift and far.
Let your bending in the archer's hand be for gladness;
For even as he loves the arrow that flies.
So he loves also the bow that is stable.

致孩子

冰心　译

你们的孩子，并不是你们的孩子，
乃是"生命"为自己所渴望的儿女。
他们是借你们而来，却不是自你们而来，
他们虽和你们同在，却不属于你们。

你们可以给他们以爱，却不可给他们以思想，
因为他们有自己的思想。
你们可以荫庇他们的身体，却不能荫庇他们的灵魂，
因为他们的灵魂，是住在"明日"的宅中，
那是你们在梦中也不能相见的。
你们可以努力去接近他们，却不能使他们来像你们，
因为生命是不会倒行的，也不与昨日一同停留。

你们是弓，你们的孩子是从弦上发出的生命的箭矢，
那射者在无穷之中看定目标，也用神力将你们引满，
使他射出的箭矢又快又远。
让你们在射者手中的"弯曲"成为喜乐吧；
因为他爱那飞出的箭，也爱了那静止的弓。

身份信息卡

> 我的名字：

> 我今年　　岁，我的班级：

> 我的旅行日期：

> 我和谁一起旅行：

阿历克斯和玛雅

在这里画上你的自画像或者贴上你的照片！

旅行前 必知

❯❯ 在地图上画出你的旅行路线

敦刻尔克 Dunkerque

里尔 Lille

勒阿弗尔 Le Havre

布雷斯特 Brest

斯特拉斯堡 Strasbourg

巴黎 Paris

奥尔良 Orléans

南特 Nantes

大西洋

利摩日 Limoges

里昂 Lyon

波尔多 Bordeaux

格勒诺布尔 Grenoble

图卢兹 Toulouse

尼斯 Nice

马赛 Marseille

地中海

❯❯ 我乘坐汽车 / 火车 / 飞机 / 其他方式（请指明）出行：

我花了 _____ 个小时到达目的地。

目录

旅行指南

2 自然景观

- 2 难以驯服的卢瓦尔河
- 4 解缆启航!
- 6 转吧转吧,小磨坊!
- 8 法国花园 + 聚焦:充满爱的花园
- 10 国王的森林

14 有趣的动物们

- 14 寻找小动物
- 16 开放狩猎 + 聚焦:围猎
- 18 马术学校

22 历史

- 22 有趣的城堡!
- 24 文艺复兴的遗珠 + 聚焦:每个人都有自己的徽章
- 26 国王和王后们
- 28 人才的摇篮 + 聚焦:列奥纳多·达·芬奇发明的机器
- 30 天马行空的建筑师
- 32 让你害怕到睡不着觉的故事

36 探索和发现

- 36 时装秀 + 聚焦:服装的法律
- 38 穴居人世界
- 40 葡萄园
- 42 运动起来 + 聚焦:勒芒24小时耐力赛
- 44 美食大搜罗

卢瓦尔河谷城堡快问快答

48 特色城堡

66-67

48 昂热城堡
50 阿泽勒丽多城堡
52 布卢瓦城堡
54 香波城堡
56 舍农索城堡

58 雪瓦尼城堡
60 瓦朗赛城堡
62 维朗德里城堡
64 城堡是由哪些部分组成的？

趣味游戏 69-74

70 马儿，你叫什么名字？
70 算一算
71 找不同

72 辨词游戏
73 上岸啦！
74 信息破译

74 旅行记事本

78 参观过的城堡
86 第一次
88 最美好的回忆

94 实用手册

95 卢瓦尔河谷城堡三日游
98 景点推荐

想成为环保旅行家，第103页有我们给你的建议。

第102页的索引，能帮助你快速找到书中提到的景点。

难以驯服的
卢瓦尔河

卢瓦尔河大区以卢瓦尔河为中心，位于该地区的城市和城堡均依河而建。卢瓦尔河和其他的河流不一样：它非常任性！

❯ 一段长长的旅程……

卢瓦尔河（Loire）全长1020千米，是法国最长的河流，它的发源地是法国东南部的阿尔代什，流经奥尔良、南特后，最终汇入大西洋。卢瓦尔河谷地区的河水流得缓慢且平静，因为这里地处平原，气候温和。

❯ 温柔的河流，狂野的河流

卢瓦尔河是欧洲最后一条野生河流。说它"野生"，是因为它的流淌方式毫无规则可言。夏天，它的水位非常低。到了冬天会涨潮，河水常常漫出河堤。这时候人们会说卢瓦尔河"下床了"！由于这里没有任何水坝可以分流，所以卢瓦尔河经常泛滥成灾。

你知道吗？ 卢瓦尔河是法国最长的河流，那你知道世界上最长的河流是哪一条吗？是流经埃及的尼罗河，它的长度是卢瓦尔河的6倍！不可思议吧！

❯ 沙河

如果你每个季节都在同一个固定的地方观察卢瓦尔河，你很有可能认不出原来的地方！因为卢瓦尔河的面貌总是在改变。岸边的沙子会被河水

冲走，然后沉入河底，堆积成浅滩。
等到涨水的时候，这些沙子又像幽灵
一样消失了。

世界的皇后

　　2000年，卢瓦尔河谷叙利城至沙
洛讷城一段被联合国教科文组织列入
《世界文化遗产名录》。这是一项非
常大的荣誉！同时也是一项责任，因
为法国必须悉心保护并维护好面积为
800平方千米的卢瓦尔河谷。责任真
是重大啊！

你知道吗？
联合国教科文组织
是一个世界性的组织，
旨在鼓励保护全球范围
内的自然遗产和文化遗产。
这样，你的子孙后代都可以
看到这些遗产。

毛茸茸的花儿

　　能够生长在卢瓦尔河边的植物真
的很不容易，因为不是被淹死就是被
干死！好在大自然适应了卢瓦尔河的
任性，它在这里创造了一块特殊生长
之地。看看卢瓦尔河边的山柳菊：这
种植物开着黄色的小花，茎上毛茸茸
的，紧紧地贴着河水生长着。

🎋 玩一玩

● **乘坐皮划艇远行。** 4月初至9月底之间，
你可以在卢瓦尔河上尽情漂流远行，也可
以乘着夜色在月光下划皮划艇！
沙洛讷Louet Evasion皮划艇出租店
📞 06 81 87 64 86
📧 www.louetevasion.com

● **沿着卢瓦尔河骑行，** 这是亲近自然最环
保的方式之一。Loire Vélo Nature自行车租店
可以将自行车送到你的住宿地。
📞 06 03 89 23 14
📧 www.loirevelonature.com

解缆 启航！

卢瓦尔河上曾经有很多船只！帆船、蒸汽船……运载着糖、红酒或石灰华，来来往往，络绎不绝。

➤ 卢瓦尔河上的海盗

平底驳船——你在卢瓦尔河上看到的这种老式的船，是海盗们专用的龙头船的始祖。这些海盗来自斯堪的纳维亚，他们不论是在海上还是在江河上，都是非常棒的水手。自9世纪起，海盗们就给船装上了扁平的底部，以便它们能在卢瓦尔河较浅的水域航行。他们划着平底驳船，到卢瓦尔河的上游去抢夺财产，真是一群可怕又贪婪的人！

➤ 从前有一只船……

真正的卢瓦尔河上的平底驳船是载满了货物的船只，它由3个部分组成：适应较浅水域的平底、抵抗强大水流的方形大船帆和一只很大的舵。随着时间的推移，为了能装载更多的不同类型的货物，船只变得越来越大、也越来越沉。安的列斯群岛的砂糖，都兰的盐和石灰华、安茹的板岩、奥尔良森林的木材、卢瓦尔河谷的红酒桶……会在南特港口卸货。

你知道吗？ 在船上，人们不说左或右，而是说左舷或右舷。为了不弄混淆，先要牢记"左""右"哦。现在，小水手，升起大帆并沿右舷一侧行驶吧！

"virer en pantin"
（把傀儡升起来）是
什么意思？
1/ 放下桅杆以便船能
通过桥底
2/ 在水上盘旋
3/ 朝反方向划桨

答案：放下桅杆以便船能通过桥底。

人们还是利用船只来运输铁轨！从19世纪末开始，图尔港几乎不再被使用。

⯈ 航行队伍

在卢瓦尔河的上游、奥尔良和南特之间，航行常常伴随着强大的水流，尤其是逆流而上的时候，需要用到船帆或发动机。这时，船员们会把2～10条船只用缆绳连接起来，最大的那只船排在前面，其他的小船跟在"船妈妈"后面……就像鸭妈妈领着它的小鸭们一样。

⯈ 水路和铁路

1847年，人们开始修建巴黎到奥尔良的铁路。慢慢地，大家不再使用水路，因为相比起来，铁路运输要方便得多。不过，在修建铁路的时候，

🎏 玩一玩

● **在卢瓦尔河上航行。** 坐在一艘舒适的游船上，慢慢欣赏卢瓦尔河的美景。祝你一路顺风，小水手！
位于罗谢科尔邦的Naviloire游船公司
📞 02 47 52 68 88
🌐 www.naviloire.com

🐟 看一看

● **全木质的自航驳船**，由一名船员的儿子于1852年雕刻而成，船上有漂亮的图案。你可以在谢尔河畔圣乔治教堂慢慢欣赏这艘船。

转吧转吧，
小磨坊！

博斯和安茹的磨坊又重新转起来了！你可以去看看那些在空中转动的风车和在水里转动的水车。

❯ 磨坊主，你睡觉吧……

1850年，博斯（Beauce）有800座风车，安茹（Anjou）有1200座风车。但是，到了19世纪末，随着电力的广泛使用，风车被挤到了仅仅满足人们好奇心的位置！面粉厂的老板们也纷纷将磨坊改成了小麦场。近几年，人们将保存尚好的磨坊重新修复，并让它们再次运转起来。你知道磨坊是怎么工作的吗？磨坊的翼转动产生能量带动石磨转动，然后石磨将小麦粒碾碎、研磨成粉。你可以在磨坊里品尝用石磨磨出来的面粉制作成的面包！

❯ 麦仓

博斯被称为法国的麦仓，可谓名副其实！博斯有将近60万公顷的土地可用来种植谷物，相当于法国一个省的面积！博斯的一部分坐落在卢瓦尔河谷奥尔良森林的旁边，这个地方非常好找：植被非常平整，犹如一片小麦海洋！

❯ 在炉边，在磨坊旁

这里有各种不同类型的磨坊！博斯的磨坊大多是木制的，绕着基底而转动，好让它总是保持逆风的方向。在安茹，塔楼磨坊是用石头做的。卡维尔的磨坊则是用石头和木头做的，这是该地区的特色。

水磨坊

水磨坊很早就出现在了卢瓦尔河一带。它们又是怎么运转的呢？实际上，水会带动风轮叶片转动，从而带动磨石运转。水磨坊常常依水而建，或者直接建在水面上，这样能最大程度地利用水力。19世纪中叶，安茹有将近700座水磨坊！

漂浮的磨坊

想象一下，一座位于船上的磨坊！这种磨坊的装置非常有趣和巧妙，它永远不会因为缺水而无法转动。而事实上，这种磨坊原本是固定在河里的，由于它们会扰乱卢瓦尔河上船只航行的线路，所以被特意安装在了船上。每当有船只驶来时，水磨坊就会迅速让开！

难以置信

在旺代战争期间（1793–1796），保皇党曾利用磨坊的翼来给军队下达命令。
- 翼成"十"字型＝集合
- 翼成"x"型＝解散
- "x"由右指向左＝后退
- "x"由左指向右＝前进

看一看

• 巴郎大磨坊（Grand Moulin de Ballan）。这个磨坊建在谢尔河畔，有一个很大的转盘，悬在磨坊下方。根据水位的变化，转盘可以上升或者下降，奇妙极了！
☎ 02 47 53 00 15
🌐 www.moulindeballan.fr

• 巴斯特尔大磨坊（Moulin des Basses–Terres）。这座磨坊建于1796年，位于卢瓦尔河畔莱斯罗谢尔（Rosiers-sur-Loire），非常值得一看。
☎ 02 41 51 82 93

• 萨尔大磨坊（Moulin de Sarré）。位于热纳的这个磨坊，得以继续运转是因为一个磨坊家庭。参观之后，你可以品尝名叫fouées的小面包，也可以买一点儿面粉带回来。
☎ 02 41 51 81 32
🌐 www.moulin-de-sarre.fr

法国花园

16世纪，文艺复兴时期的建筑师们修建了很多城堡，也修建了很多无与伦比的花园。感兴趣，那就来逛一圈吧！

无止境的花园

你可以在这个地区找到所有类型的花园，尤其是法式花园和英式花园。法式花园整齐有序，修剪得很好，线条也很直。英式花园则相对比较杂乱，植物也没有被精心修饰。不过，不同类型的花园能满足不同的审美需求。

绿色的手

文艺复兴时期的花园诞生于卢瓦尔河南岸的昂布瓦兹（Amboise），是"绿色的手"——跟随意大利国王查理三世而来的园丁们，创造了这种风格。欣赏这些花园时，方法很简单：顺着修剪整齐的小道，慢慢往前走，绕过池塘和方形花坛，一直走到葡萄架下，一旁还有飘着香气的玫瑰花。花园的走廊还建有顶棚，可以遮挡阳光，因为那时候的人们都希望自己的皮肤白白的！（译者注：现在的法国人喜欢把皮肤晒黑）

可以吃的花园！

这些花园还有一个作用，就是可以"填满你的锅"！在菜园边，各种蔬菜、水果、散发着芳香的植物四四方方地栽种在一起，这样既美观，又便于采摘！16世纪，一些新的植物品种从美洲被带到法国，比如西红柿、辣椒和牛油果等。城堡里的每一个人都可以吃到美味的大餐！

聚焦

充满爱的花园

花园里植物的种植和摆放都不是偶然的，每一个细节都经过了仔细的考量。比如，在美丽的花园城堡维朗德里城堡中，不同摆放形状和不同颜色的花表达的是不同类型的爱：用红玫瑰摆成的巨大心形代表"温柔的爱"；荆棘丛摆成的匕首代表"悲剧的爱"，让人联想起古时候两个男人为了得到一名少女的心而进行的决斗。

文艺复兴时期，年轻男女幽会的时候都会戴上面具，而情话则会躲藏在树丛或迷宫中倾诉。16世纪，法国和意大利的花园开始出现迷宫，它的主要作用是装饰，但也起到了娱乐的效果，人们可以在这舒适的自然环境中下鹅棋。对于年轻的情侣们来说，这里也是约会的好去处。

难以置信

一些传说赐予了蔬菜力量，比如辣椒代表火，香芹是一种有魔力的蔬菜，蚕豆可以连接死者的灵魂。

看一看

- **沙穆罗尔城堡**（Château de Chamerolles），位于希勒尔索布瓦，城堡里有你绝对想不到的蔬菜，还有一座香水喷泉！
  02 38 39 84 66

- **维朗德里城堡群**（Château de Villandry），这是法国最美的花园之一！
  02 47 50 02 09
  www.chateauvillandry.fr

- **肖蒙城堡的国际花园艺术节**，时间为4月底至10月中旬，你可以在各式各样的花园里漫步闲逛。
  02 54 20 99 22
  www.domaine-chaumont.fr/

- **Barres国家植物园**，位于韦尔尼松河畔诺让。漫步于树丛和植物之间，去了解大自然！
  02 38 97 62 21
  www.arboretumdesbarres.onf.fr

- **丽芙城堡**（Château du Rivau），位于莱梅雷，城堡里有450种不同的玫瑰！每14个花园就有一个有关仙女的美丽传说。
  02 47 95 78 46
  www.chateaudurivau.com

国王的森林

在这里，森林是主人，它为你准备了很多惊喜……想要了解它，那就往深处再走一点！

≫ 雄伟的索洛涅森林

索洛涅森林（Sologne）非常广袤，卢瓦尔河和谢尔河从中穿流而过。18世纪时，这里是一片沼泽地。为此，拿破仑三世下令，排掉沼泽的水，大力植树，并发展农业和畜牧业。从某种意义上来说，他是索洛涅森林之父。如今，森林的四分之三都被植被覆盖着，并且拥有3200个池塘，水源也一直存在！

≫ 视野里的树

在索洛涅森林，放眼望去，看到的永远都是树。池塘边或者旷野边，橡树林和桦树林最多，你可以通过白色的躯干将它们辨认出来。而沙地上，则生长着很多松树。

≫ 森林之王

索洛涅森林里最大的动物是欧洲马鹿，它重250公斤！公马鹿的特点是头上有鹿角。鹿角像树枝一样，每年都会生长，冬天过完后自然脱落。公马鹿很胆小，白天很少出来活动，所以你看到它们的可能性很小。但是在秋天能听到他们的叫声，这个时候是它们的发情期，那种嘶哑而又奇怪的叫声完全是为了吸引周围母马鹿的注意！

小沙锥

你见过沙锥吗？这种有着褐色条纹羽毛的小鸟和苍鹭、鸭子一起生活在池塘和沼泽地里。沙锥用又尖又长的嘴巴在潮湿的土地里找虫子吃。它们很容易辨认，因为它们飞行的路线是蜿蜒的。沙锥非常机灵，飞得又快，猎人很难抓到它们。

你知道吗？ 奥尔良森林是法国最大的国家森林。这里有橡树、欧洲赤松、池塘以及长达1200千米的道路，堪称最理想的散步之地。

看一看

• 索洛涅森林博物馆（Musé de Sologne），位于罗莫朗坦朗特奈区。
02 54 95 33 66
www.museedesologne.com
• 位于圣维阿托尔（Saint-Viâtre）的池塘之家（Maison des étangs）。这是一座非常活跃的生态博物馆，在这里，你可以了解从古至今的池塘历史。
02 54 88 23 00
www.maison-des-etangs.com

玩一玩

• 趁鱼鹰在哈瓦尔池塘边捕鱼时，去看看它的鸟巢。想要了解详细信息，可以咨询奥尔良自然之家。
02 38 56 69 84
www.loiret-nature-environnement.org

奥尔良的动物

我们再把时间往前推移一点？曾经的奥尔良森林比现在的还要大4倍，那时它是法国国王的围猎之地。国王常常骑在马背上，在猎狗的帮助下追捕动物。森林中曾经还住着狼。和其他森林一样，奥尔良森林也有属于自己的传说：森林中住着一个很恐怖的怪物，它甚至会吓跑猎狗。当朝它开枪射击时，子弹会扁得像薄饼一样贴在它那多毛的身体上。这个怪物一直存在于人们的想象中。

寻找 小动物

你喜欢动物吗？喜欢的话，相信你会玩得非常尽兴，因为这里的动物非常之多，浅滩和河岸是它们的天堂！去瞧瞧它们丰富多彩的生活吧！

❯ 充满生机的河

卢瓦尔河里住着各种各样的动物，有鱼类、啮齿类，还有鸟类。白斑狗鱼和梭鱼是大型食肉鱼，它们捕食较小的鱼。河狸住在陡峭的岸边，人类无法步行到达。卢瓦尔河里还居住着一种鸟类——小燕鸥，它们把蛋产在河边的沙子和砾石里。所以，你要小心，不要踩到它们的蛋哦！

❯ 迁徙的鱼群

很多来自海洋的鱼儿都会游到江河里进行产卵，像鲑鱼、大西鲱（实际上人们在河里发现它们的时候很小）、海七鳃鳗等等。为了回到江河里，鱼儿们不得不逆水而行，这往往会消耗它们很多体力！不过，鳗鱼和它们的方向相反，它要从江河游到海洋中去产卵。

你知道吗？

鲑鱼总是会回到自己出生的河流里面产卵：雌性鲑鱼将自己的卵产在产卵场，接下来雄性鲑鱼会在这里进行授精。

❯ 鼬鼠和小兔子

你有耐心吗？你会把自己变小吗？如果运气好的话，你可能会看到野兔。野兔很喜欢在河岸边的沙子里挖洞，但它得时刻提防鼬鼠，因为鼬鼠爱吃野兔，而且在洞穴里跑得非常快！

❯ 河岸骑士

你知道谁是河岸骑士吗？河岸骑士就是红脚鹬和青脚鹬。它们没有"盔甲"，脚却很长，就像踩在高跷上一样，嘴巴又尖又长。它们可以在水里走路，也可以啄起淤泥里的小虫子，真是美味啊！

❯ 大自然的小小创造家

沙子和腐殖土是小昆虫的庇护所，这些奇怪的小虫子都有着复杂的名字，比如蓝色单爪鳃金龟，这是一种很漂亮的金龟子；杂色虎甲，这是一种鞘翅目昆虫，白天喜欢在热沙子上面爬来爬去，到了晚上就把自己埋在沙子里。还有一种绿色的蜻蜓，很喜欢在低空飞行。

小知识 如果在河上航行，要注意避免在禁止区域下船、尖叫或者跳入水中，因为这样会打扰到动物们，甚至会摧毁某些鸟儿的家。

🎯 玩一玩

• 在一名向导的陪同下**漫步卢瓦尔-安茹-都兰自然公园**（Parc natúrel regional Loire-Anjou-Touraine），你会在卢瓦尔河沿岸看到居住在这里的鸟儿。详情可咨询蒙索罗公园（Maison du Parc）。
📞 02 41 38 38 88
🌐 www.parc-loire-anjou-touraine.fr

• **学习不同的垂钓方式。**如果你够有耐心又足够隐蔽，你会钓到美丽的鱼，同时你也会明白保护这片自然之地的重要性。
📞 06 72 59 20 48
🌐 www.adenval.eu

开放 狩猎

这个地区生活着大量的野生动物，所以猎人们很爱打猎！不过要注意，打猎可不能随心所欲，要尊重相关的条例和传统。

▶ 被看守的狩猎！

索洛涅地区是狩猎者的天堂，因为这里有很多"猎物"。从九月到来年的二月，野鸭、野鸡、山鹬、野兔、鹿、狍子和野猪会跟猎人们捉迷藏。最常见的狩猎方法是，猎人们（主要是男人）拍打树林，制造出很大的声音赶出猎物，当猎物一旦出现，猎人们会将藏好的猎枪拿出来瞄准：嘭！嘭！怎么样？你觉得打猎有趣吗？

短毛垂耳猎犬、西班牙种猎犬、塞特种长鬈毛猎犬等。它们的嗅觉非常灵敏，能找出猎物的所在地，并把它们从窝里赶出来，这种方式被称为"猎狗止步捕猎"。

古老的谚语

"当一只小树枝掉到森林里时，鹿看见了，狍子听见了，野猪感受到了。"

▶ 射门

还有其他不同的打猎方式。有些猎人喜欢在近处用双筒枪瞄准猎物，他们会躲在一座瞭望台上，就是那种架空起来的简陋的窝棚，窥伺着猎物。你肯定见过带着猎狗的猎人，这也是一种狩猎方法。猎狗品种主要有

▶ 没看见，没拿走！

你知道吗，这个地区有很多偷猎者。作家莫里斯·日内瓦曾在他的小说《拉博利奥》中提到了偷猎者。偷猎，是在不被允许的情况下在他人的领地里进行打猎。尽管这种行为是被禁止的，但依然存在。大多数偷猎者

聚焦 围猎

犬猎队或者围猎，是一种非常古老的捕猎方式。猎人牵着猎狗，或者步行，或者坐在马背上追猎物，例如鹿、野猪或者野兔。狩猎的时候，只有猎狗进行追捕，猎人只需控制猎狗。围猎一般是由带领猎犬的狩猎者领头，当你听到猎人发出的号角声时，就说明他们已经抓到了猎物。围猎队有着非常古老的传统，举个例子，你知道纽扣意味着什么吗？它是猎人身份的象征，每一支围猎队都有自己的特定纽扣，上面的图案可以是狗、野兔、野猪或者其他猎物。围猎队中还有一个非常重要的角色，那就是管理猎犬的仆人。他需要管理好猎犬，这个工作量非常大，因为一支围猎队可能有100只猎犬。在一些国家，围猎是禁止的，例如比利时、德国等。尽管如此，还是有一些人在继续打猎。

都来自贫困的家庭，这是他们维持生存的办法之一。偷猎被司法部门定义为盗窃行为，偷猎者有可能被判入狱或者处以很高的罚金。

看一看

● 9月中旬至10月上旬，你可以在**香波城堡（Chambord）**看到难得一见的发情的公马鹿和母马鹿。
☎ 02 54 50 40 00
✉ www.chambord.org

● **捕猎国际博物馆（Musée international de la chasse）**，位于日安城堡（Château de Gien）。你可以了解猎人的历史和打猎技术，还可以看到围猎队的400个不同的纽扣。
☎ 02 38 67 69 69
✉ www.coeur-de-france.com/gien-museedelachasse.html

● **偷猎纪念馆（Maison du braconnage）**，位于尚镇（Chaon）。跟着猫头鹰朱丽叶一起去寻找偷猎的秘诀吧！
☎ 02 54 88 68 68
✉ www.maisondubraconnage.com

马术学校

喜欢骑马的小朋友一定会很高兴。如果想成为马术表演冠军，或者只是简单地想看看它们，就是这里啦！准备好出发了吗？

▷ 黑骑士马术团

索米尔黑骑士马术团共有43名骑士，他们头戴黑色双角帽，优雅极了。这所马术学校是法国最著名的马术学校，培养了很多马术表演冠军。通常，只有最优秀的骑士和骏马，才会被派去参加马术表演比赛：翻越障碍物和自由跳。事实上，马术是一项需要大量训练且注意力非常集中的运动。

下方；最后一项是马儿飞跃在空中，前蹄收在身体下方，在最高点时后蹄向后踢。其他的马儿随着音乐旋律做不同的指令，或者横着走路，或者伴着旋律跳华尔兹，真是令人难忘啊！

你知道吗？ 18世纪末，骑士们头戴的三角帽消失了，取而代之的是双角帽！

▷ 驯马场

索米尔黑骑士马术团的明星们是谁呢？答案就是：马！尤其是那些上台表演的马！它们需接受这样三项训练：一项是马的后蹄直立于地面，前蹄举在胸前，连续跳跃；一项是飞跃在空中，前蹄收在身体下方，在飞跃到最高点时前蹄与后蹄都收拢在身体

▷ 马儿的床？

索米尔的马儿们都有自己的"床"，铺着稻草或者木屑。你能想象吗？当一匹马过敏时，它甚至可以享受碎报纸屑，而且只能是英国报纸，因为只有这种报纸是不含铅的，对皮肤没有伤害。

你知道吗？ 一匹马每天的工作时间是一小时，每年它有两个月的假期。通常，马儿会在20岁时退休。很酷，是不是？

马——勒利翁当热尔（法国地名）的国王

1665年，路易十四为了给军队提供马匹，建立了皇家种马场。法国大革命之后，种马场便国有化了。自从战场上的马匹被坦克取代后，种马场饲养的马匹则主要用于赛马、运动和娱乐。勒利翁当热尔的种马场饲养着非常优秀的马匹，其中有35匹种公马（主要为了繁殖下一代）和10种不同品种的马。

看一看

● 索米尔黑骑士马术团（Cadre Noir de Saumur）。7条跑道、18个驯马场、4个大马厩和500个马栏，绝对值得一看！假如运气不佳没有看到骑士，那你一定不要错过英俊的马儿们！
☎ 02 41 53 50 50
🌐 www.cadrenoir.fr

● 勒利翁当热尔种马场（Hard du Lion d'Angers）。在这里，你可以了解马儿们是如何长大的，还可以看到纯血种马和佩尔什马。
☎ 02 41 95 86 51
🌐 www.lelion-hn.com

玩一玩

● 参观丽芙城堡（Château du Rivau）的皇家马厩，位于莱梅雷（Lémeré），皇家马厩属于弗朗索瓦一世。这里还有试听表演，借此可以了解马术比赛这门艺术！
☎ 02 47 95 77 47
🌐 www.chateaudurivau.com

有趣的 城堡！

中世纪时，由于战争频发，人们开始修建堡垒。其中一些城堡一直保存到今天，主塔、护城河和城墙都完好无损。

⟩ 在城堡主塔上

想象一下，一座没有主塔的城堡防御力强吗？当然不强！一直到13世纪，主塔都是城堡的一个非常重要的组成部分。城堡主人住在主塔里，主塔同时也是城堡主人身份的象征：主塔越高，城堡主人的身份就越尊贵。罗锡城堡的主塔建于1030年，博让西城堡的主塔高36米，和一栋10层楼的楼房一样高！它们都是欧洲保存最完好也是最大的城堡。

⟩ 护城河

当城堡位于较低的地势时，就需要在周围修建一条护城河。卢瓦尔河畔的叙利中世纪城堡，其护城河中的水来源于同一条河流。所以，护城河永远都不会干涸。此后，人们又特地为主塔也修建了护城河。

⟩ 石头垒起来的城墙

13世纪，城堡周围的木栅栏被石头垒起来的城墙代替，使得带火的武器越来越不能发挥其攻城的作用了！在昂热城堡（Château d'Angers）长约1千米的城墙上，你可以看到17座巨大的圆炮塔，真是坚固啊！

撞击城堡大门的
武器叫什么名字?

- 公牛
- 撞锤
- 犀牛

答案：撞锤。

小心吊桥

如果你要进攻一座城堡，应该从哪里着手呢？毫无疑问是大门。事实上，城堡有一个弱点，就是它的大门。这就是为什么城堡大门前面都会修一座吊桥。当吊桥放下时，它悬挂在护城河上方，士兵们可以顺利通过；一旦它收起来，士兵们就必须找到别的办法越过护城河。通常，人们会用钉齿耙和铁栅栏来加固吊桥，铁栅栏非常大，上面还有锋利的齿。

战争，战争！

每一座城堡都有不同寻常的故事，比如罗锡城堡几次易主。英国"狮心王"查理一世在一次偷袭中，仅用3个小时就成功地从法国人手里夺得了这座城堡！10年后的1205年，法国国王腓力二世·奥古斯都对这座城堡进行了长达一年的围攻，才将它夺回……

看一看

- **罗锡城堡的主塔（Donjon de Loches）。** 顺着小路登上主塔的顶部，整个塔高36米，塔顶的风景美不胜收！
  - ☎ 02 47 59 01 32
  - www.chateau-loches.fr

- **卢瓦尔河畔叙利城堡（Château de Sully-sur-Loire）。** 这里的导游穿着特别的服装，跟随他们，去详细了解叙利城堡的历史吧！
  - ☎ 02 38 36 36 86
  - www.coeur-de-france.com/sully.html

- **朗热城堡（Château de Langeais）。** 和来自布列塔尼的安妮一起参观城堡，她是朗热堡主查理八世的妻子。
  - ☎ 02 47 96 72 60
  - www.chateau-de-langeais.com

文艺复兴的遗珠

16世纪文艺复兴时期，城堡由堡垒变为更舒适、装饰更美丽的住所：外墙上满是窗户，廊柱上刻满雕塑，天花板上尽是油画……

▶ 旧地方，新风格

1500年间，城堡开始进行改头换面。随着战争的减少，城堡的防御作用变得不再重要。主塔的窗户和天窗常常会打开；城墙顶端的圆形小路，曾作为巡逻用，现在变成了长廊，散步小道上方还修建了屋顶；甚至那些比较难看的突廊也都被装饰一番，不再是向敌人投掷石块的战壕……

▶ 装饰

中世纪时期的城堡又冷又阴暗，但从16世纪起，雕塑家们就开始对城堡的各个地方进行装饰，以便它们看起来更加美丽。你看：楼梯上、廊柱上、烟囱上以及窗户周围，都雕刻着不同的植物和动物。再看看你身边的石雕：上面雕刻着贝壳、鸟儿和狮子，还有一些传说中的动物，如狮身人面像斯芬克斯（女人的头、鸟儿的翅膀和狮子的身体）和狮身鹰首兽（一半是狮子一半是鹰的动物）！雕刻家们的想象力真是丰富啊！

你知道吗？ 斯芬克斯是一种夜间飞行的飞蛾的名字，它真的存在！

聚焦 每个人都有自己的徽章

中世纪时期，城堡主塔象征着城堡主的地位。到了文艺复兴时期，象征物变成了徽章，它们被雕刻在门上、烟囱上、墙上或天花板上。1830年，百合花徽章成了法国国王的象征。之后，每个国王都有了自己特有的徽章。当然，地位尊贵的人也有专属徽章，代表着他们的身份或者自己的家族。亨利二世的徽章是月之神，这个徽章是他的父辈查理一世的家族一直沿袭下来的。凯瑟琳·德·美第奇——亨利二世的妻子，起初的徽章是一个彩虹，但当亨利二世在一次比武中被击中头部死亡后，她便将这个五颜六色的徽章换成了两个折叠相对的矛。有兴趣的话，数一数香波城堡中绘画的蝾螈和雕刻的蝾螈，一共将近600个。不要惊讶，因为它是弗朗索瓦一世的徽章！

你知道吗？ 传说中蝾螈这种半蜥蜴半青蛙的动物能够控制住火，它能躲在火中不会被烧死。

🐍 看一看

• 普莱西－鲍雷城堡（Château du Plessis-Bourré），位于埃屈伊莱（Écuillé）一定要看看守卫大厅的天花板，你会看到让人惊叹的动物壁画！
📞 02 41 32 06 72
🌐 www.plessis-bourre.com

国王和王后们

法国的国王和王后都非常喜欢卢瓦尔河畔。在卢瓦尔河谷的任何一个地方，你都会看到他们留下的痕迹，听到来自另一个时代关于他们的故事……

奥尔良的少女

1429年3月6日，一个来自乡下名叫贞德的17岁少女，称收到了神的旨意。在她的坚持下，终于在希侬城堡见到了法国国王查理七世。她称呼查理七世为"善良的王子"，她对查理七世承诺，她会帮助他、陪伴他，直至他在兰斯大教堂加冕。很多人都认为她疯了，觉得她不会成功。然而事实证明她做到了，她带领军队和驻扎在奥尔良的英国人作战，将他们赶出了这座位于卢瓦尔河畔的城市，并在同年参加了在兰斯大教堂举行的查理七世的加冕仪式。

美丽贵妇

查理七世在40岁的时候爱上了20岁的年轻女孩阿涅丝·索蕾。查理七世非常爱她，并邀请她在罗锡城堡住下。阿涅丝被称为美丽贵妇，不仅仅是因为她的美貌，还因为她收到了这份礼物——这座美丽的古堡。

你知道吗？ 2005年，人们对阿涅丝·索蕾的骸骨进行了检测。在她死后555年，人们才发现她原来死于中毒。是意外还是谋杀？我们无从知晓！

⟩ 铁笼子

路易十一时期，也就是1461年至1485年，政治犯的生活非常悲惨！拉博尔的红衣主教就曾在罗锡城堡的一只铁笼里被关押了11年，戏剧化的是，他本人就是那个向国王建议制作铁笼的人……他被抓之前提出了这个建议。不过最终，他活着出来了……

地上的吉斯公爵惊呼："我的天啊！他真高啊！他死了之后看起来比活着还要高！"没错！吉斯公爵身高近2米，在那个时期，他确实是一个非常高的人！

⟩ 好吃的李子

弗朗索瓦一世的妻子——法兰西的克劳德王后，是位其貌不扬的跛腿女人，但她非常善良大方。她喜爱花园，长期住在布卢瓦城堡。后来，宫廷的园丁们用她的名字 reine-claude（克劳德王后）命名了一种来自亚洲的水果——青黄色的李子，又甜水分又足。

⟩ 有刺客！

吉斯公爵因为脸上有一道疤痕而被人称为"刀疤"，他和法国国王亨利三世是死对头。1588年，国王想把他干掉，于是在布卢瓦城堡布下陷阱，几个身揣匕首的刺客偷袭了公爵，将他杀害。亨利三世看着瘫倒在

看一看

● 圣女贞德故居（Maison de Jeanne d'Arc），位于奥尔良。这座房子的外墙是用木头做的，依照1429年她曾居住的样子重建。
📞 02 38 68 32 63
🌐 www.jeannedarc.com.fr

人才的摇篮

卢瓦尔河畔迷人的景色丰富了艺术家们的想象力。赶紧去找找埃尔热、夏尔·佩罗或者列奥纳多·达·芬奇留下的痕迹吧！

❯ 睡美人

于泽城堡（Château d'Ussé）位于安德尔省，背靠希侬城堡浓密的森林，这是一座居住着仙女的城堡！17世纪，夏尔·佩罗以这座城堡为蓝本，创作了童话故事《睡美人》！如果你没有偶遇奥罗拉公主、仙女或者华丽的四轮马车，那就顺着圆形小径登上主塔顶部。在那儿，你可以看到很多人物雕像，通过这些雕像去了解《睡美人》这个故事吧！

❯ 木兰萨城堡？见鬼！

你认识丁丁？那你肯定知道木兰萨城堡，就是《红色拉姆克的宝藏》中阿道克船长买下的那座城堡。实际上，木兰萨城堡的原型是雪瓦尼城堡！《丁丁历险记》的作者埃尔热在

卢瓦尔河谷旅行时发现了这座城堡，并对这座城堡一见倾心。在征得城堡主的同意后，他将它写进了自己的漫画里，这就是木兰萨城堡的来历！

❯ 天杀的！

埃尔热最先看到的是被树丛遮住的雪瓦尼城堡的一部分，所以他决定只画出城堡的这一部分，但他将雕满图案的大石阶梯保留了下来。可怜的阿道克船长，在《绿宝石失窃案》中无数次地从这个大楼梯上滚下来！除了楼梯，你还会看到《独角兽号的秘密》中的武器室以及很多其他的细节。

聚焦 列奥纳多·达·芬奇 发明的机器

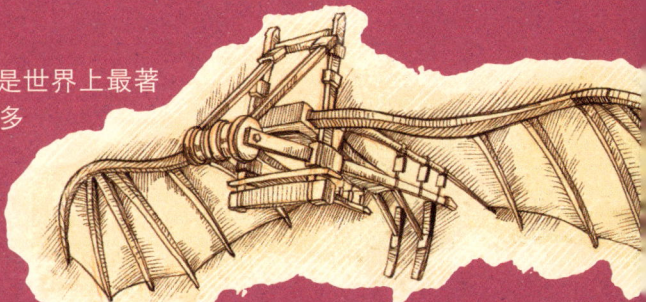

列奥纳多·达·芬奇，是世界上最著名的发明家之一，也是多才多艺的画家、雕塑家和天文学家，同时还是一位非常优秀的工程师，他对研究空气、水、火和机械都非常感兴趣。他运用操纵杆、螺旋器和齿轮转动装置，设计出了机关枪、子母弹、军用降落伞、潜水艇和自行车等。直升机是20世纪发明的吗？错！列奥纳多·达·芬奇在16世纪初就设计出了"航空螺旋器"，这应该是直升机螺旋桨的祖先！这还不是全部：他想象出了十来种非常超前的机器，被人们称为"疯狂的机器"，因为它们看起来不可能被创造出来。达·芬奇在克洛·吕斯城堡度过了他的晚年，你可以在这里看到他创造出的40种不可思议的机器的模型复制品。

问答

列奥纳多·达·芬奇发明的能飞的机器叫什么？

· 环翼机
· 扑翼机
· 直升机

答案：扑翼机。

读一读

· 埃尔热的《丁丁历险记：红色拉姆克的宝藏》。你知道丁丁在地下室的深处找到了什么吗？读完这本漫画你就知道啦！

看一看

· 克洛·吕斯城堡（Château du Clos Lucé）。看看列奥纳多·达·芬奇发明的40种机器，这些机器都是达·芬奇先画出草图后设计出来的。
📞 02 47 57 00 73
🌐 www.vinci-closluce.com

· 雪瓦尼城堡（Château de Cheverny）。这座城堡里的设备非常齐全，可以欣赏《丁丁历险记》的展览。由于雪瓦尼城堡有一支猎犬队，你还能幸运地看到猎狗窝。
📞 02 54 79 96 29
🌐 www.chateau-cheverny.fr

· 《睡美人》，迪斯尼出品的动画片。观看动画片时，顺便了解于泽城堡。

天马行空的
建筑师

文艺复兴时期的城堡里充满了新鲜的东西！这一时期的建筑师们有着不可思议的创造力，一起来看看这些奇特的发明吧！

≫ 马的荣誉

昂布瓦斯城堡（Château d'Amboise）同时归属于昂不瓦斯镇和卢瓦尔河谷大区。为了能骑着马儿登上天台，法国国王查理八世命人修建了"可以骑马"的塔楼。塔楼内部，宽大的坡道环绕着主梁螺旋而上，这样马儿和四轮马车就可以通过坡道顺利地登上天台了！真是巧妙的创造啊！

≫ 着火了！

1540年的某一个夜晚，罗马帝国皇帝查理五世来到昂布瓦斯城堡拜访弗朗索瓦一世。为了照亮塔楼的上坡道，守卫们点亮了火把并列队站好。在查理五世前行的途中，墙上悬挂的帷幔突然被一只火把点燃了。火势迅速蔓延开来，查理五世差点没能从火海里逃出来！

≫ 国王的选择

文艺复兴时期，楼梯成为了吸引人眼球的一个重要装饰。比如布卢瓦城堡（Château de Blois）里的楼梯，位于城堡内部的翼楼中，现在对公众开放。楼梯设计得很特别：里面的人可以看到外面，外面的人也可以看到里面。当国王来到这里时，他可以看到外面大厅里的演出。同样，他

的朝臣们也可以用眼睛追随着他。这就是特权！

双人游戏

在香波城堡，你可以玩一个有趣的游戏：当两个人从两组楼梯分别向上走时，相互间可以看见，但不会碰头。这是怎么一回事呢？很简单：这个双螺旋楼梯由两个叠加的螺旋结构组成，以主梁为中心。这个了不起的楼梯是列奥纳多·达·芬奇发明创造的。

世界的天花板

如果你想了解弗朗索瓦一世的朝廷，那就赶紧登上香波城堡的天台吧。16世纪，朝臣和贵族妇人们常常聚集在此，观看打猎前的送别仪式、重要来客的欢迎仪式、士兵训练、骑士比武以及各种节日庆典。天台上设有观礼台，就像体育馆的看台一样！

你知道吗？ 香波城堡的大灯塔的顶端有一座百合花的雕像。这束百合花，既是君主制度的象征，也是法国国王统治的象征。

看一看

• **布卢瓦城堡的楼梯**，欣赏楼梯内外关于植物茎和叶子的雕塑，它们是文艺复兴时期最美的艺术品之一。
02 54 90 33 33
www.chateaudeblois.fr

• **昂布瓦斯城堡的骑士塔楼。** 如果选择在傍晚时分参观这座城堡，你会看到卢瓦尔河上美丽无比的日落景色。
02 47 57 00 98
www.chateau-amboise.com

香波城堡

让你害怕到
睡不着觉的
故事

如果这些故事让你感到害怕，那就翻过这一页；如果你不害怕，那就竖起耳朵来听一听。卢瓦尔河谷的河水诞生了很多关于龙、仙女和恶魔的故事。呜……呜……

＞　水蛇……

你无法想象法国人的祖先高卢人有多害怕卢瓦尔河！对他们来说，这条河好比一条难以驯服的蛇，前一秒还在微微摆动，后一秒就勃然大怒了——洪水开始泛滥！

＞　……和火龙！

中世纪时，蛇长出了翅膀变成了暴龙。你不用害怕，因为基督圣人们已经把它杀死了，他们是：圣马丁、圣米歇尔、圣梅斯曼……这是一场真正的战斗！后来很多教堂都把这场战斗还原到了雕塑或者壁画上。

＞　魔鬼显灵！

一天，博让西的一名建筑师向恶魔寻求帮助建一座桥。作为交换，恶魔可以得到第一个过桥的人的灵魂。很快，桥建好了，建筑师让一只猫上了桥。恶魔勃然大怒，试图毁掉这座桥，但没有成功，于是他便去捉猫，猫抓破他的脸后逃走了！从此以后，人们就把这座城市的居民称为"博让西的猫"！

＞　转动的石头……

午夜，当教堂里圣诞弥撒的钟声敲响时，石头就会醒过来！在卢瓦雷省，有一个很大的石棚，被称为"转动的石头"，它们可以自己移动或转动。另外，那些外形似蟾蜍的石头，会自己跳进卢瓦尔河喝水。这不是在做梦吧？

仙女的故事

卢瓦尔河上升腾的白雾里诞生了一个奇怪的故事：每天晚上，仙女都会乘坐着由两只白鸽拉着的雪橇穿过重重迷雾，她要去哪里呢？是一个名叫梧利浦十字架的地方。谁也不知道她去那里干什么，之后她再潜入迷雾中，带着她的秘密消失掉……

马丁花

故事是这样的：图尔的主教圣马丁去世了，修道院的几个修道士想去取回他的尸体。夜晚，他们将主教的尸体放在一条小船上运回来。不可思议的事情发生了：小船所经过的地方，植物开始开花，鸟儿开始歌唱，仿佛盛夏到

看一看

● **卢瓦尔河畔圣本修道院**，你会在"塔廊"的门上看到圣米歇尔和圣马丁与恶龙搏斗的雕像。
● www.abbaye-fleury.com
● **位于鲁里市（Loury）的森林传说及职业博物馆。** 这是一个神奇的地方，你可以在这里看到白茶花城堡！
● 02 38 65 42 07

玩一玩

● **参加桑布朗塞（Semblançay）7~8月间的声音灯光秀**，这个表演讲述的是《传说的来源》。
● 02 47 56 66 77
● www.scenofeerie.fr
● **参加都兰11月初的圣-马丁之夏庆祝活动**，欣赏来往于冈德-圣-马丁和图尔之间的船只。到了晚上，灯火辉煌，更加美丽！

来了，可是那个时候是11月。从此以后，当秋天不是很冷的时候，人们就会说，这是"圣-马丁之夏"！

时装秀

卢瓦尔河谷地区的城堡经常举行宴会！这可是朝廷中的贵妇们比美的大好时机。你将会看到一场精彩绝伦的时装秀……

▶ 拖着大摆尾……

在查理七世的宫廷中，女人们只讨论时尚，她们喜欢炫耀自己，喜欢把头发梳成高高的锥形，戴上圆锥高帽。身上的裙子大都袒胸露肩，后摆很长。想象一下，国王的情人阿涅丝·索蕾穿着一条8米长的裙子，想跟着她走路都难！

▶ 铁裙！

为了美丽，宫廷的女人们常常穿着并不舒服的衣服，比如裙撑。这是一种由布和铁丝制成的衬裙，女人们把它穿在裙子的里面，可以让裙子蓬起来。文艺复兴时期，女人们以纤瘦为美。为了更瘦更美，她们要穿一种名为巴斯克的胸衣，这是一种由铁丝制成的形似漏斗的紧身胸衣，非常坚硬。有一些女人紧紧地勒自己，不惜伤了皮肤！

▶ 丝绸之王

1470年，国王路易十一下令在图尔种植桑树，好让蚕有食物可吃，能够吐丝结茧。随后国王兴建了一座工厂，从里昂招来专业的工人制作丝绸。工人们制作出华丽的衣料和饰带，然后染色、刺绣，最后销售出去。

你知道吗？ 皇后必须穿白色的丧服。1589年，国王亨利三世去世时，路易丝·德·洛林皇后穿着白色的丧服，并因此获得了"白色皇后"的称号。

聚焦 服装的法律

1549年，法国人开始了衣橱的革新！亨利二世制订了一部穿着打扮的法律，如衣服颜色、上衣和裙子的面料、纽扣和花纹的位置等等，都有相关的规定。例如，严禁穿戴外国生产的衣服饰品。天鹅绒是宫廷专用，深红色是王子和公主的专属颜色，他们的侍从只能穿黑色或橙红色。农民和手工业者严禁穿戴丝绸，只能穿样式简单和颜色深沉的衣服。国王的妻子凯瑟琳·德·美第奇掀起了穿戴衬圈的潮流，它很坚硬，女人们将它穿戴在脖子上，虽然美丽但是会导致呼吸不顺畅。从这个时期开始，人们就已经学会追随潮流了！

看一看

• 昂布瓦斯城堡的历史剧《国王弗朗索瓦的朝廷》，参加弗朗索瓦一世时期的宴会，所有的排场和服装都是那个时期的。时间为6月底至8月底。

📞 02 47 57 14 47

🌐 www.renaissance-amboise.com

情侣着装！

你想向你的未婚妻表达你的爱意吗？那就穿得跟她一样！这是国王亨利二世的一个主意，他穿上黑白两色的衣服，这是他的情人黛安娜·德·普瓦捷的衣服颜色。真是一种特别的求爱方式！

穴居人世界

坑道、地窖、洞穴、地道：卢瓦尔河谷藏着很多稀奇的珍宝……岩石里有一个令人惊奇的世界！

布满洞的土地

这里的地下层像一块奶酪！人们挖开坑道是为了提取软石灰岩。你有没有留意，卢瓦尔河谷的城堡全部都是用同一种白色石头建造而成？这就是石灰华，开采出来后很容易进行切割。

洞穴之家

那些住在洞穴里的人被称为"穴居人"。有些穴居人居住在天然形成的洞穴里，有些则住在完全靠自己的双手挖出来的洞穴里。在索米尔和蒙索洛之间的悬崖峭壁的底端，有很多门和小窗。洞穴中甚至还有穴居人的农场，你可以看看19世纪的农民是如何耕种的。你也可以想象一下，每出生一名婴儿，他们就会多挖出一个房间……这其实一点儿也不麻烦！

地下的秘密

在战争时期，洞穴常被用作藏身之地。为了躲避敌人，人们利用洞穴设计了很多陷阱。如果你想冒险探索这些装满秘密的通道以及窄得只能爬行前进的过道，那就大胆地去吧！一定要当心陷阱哦！

你知道吗？

人们用马粪给蘑菇施肥，这具有巴斯德灭菌的效果（高温杀死细菌），而且不会留下气味！

你知道吗？

大头菇是巴黎的一种大蘑菇，它的"帽子"非常大，以致头重脚轻得容易翻跟斗……在大头菇里填满熟肉酱，美味得不得了！

溶洞

大自然非常神奇！在萨沃尼埃（Savonniéres），一条含有石灰岩的水流在时间的流逝中，慢慢形成了钟乳石、石笋和石瀑布。溶洞中的温度为14℃，为了不让自己冻着，记得穿厚一点！

理想的地窖

卢瓦尔河谷盛产葡萄！地窖中恒定不变的温度和厚重的湿气，是存放葡萄酒的理想条件。你可以去欣赏这些排列整齐、卧倒而置的酒瓶，想要品尝的话还得再等几年！

口蘑

今天，法国四分之三的口蘑都产自索米尔！1895年，地铁的修建迫使巴黎的口蘑种植者离开。于是，他们将蘑菇带到了索米尔附近的洞穴中种植。

看一看

• 杜埃生态动物园（Bioparc zoo de Doué），位于杜埃拉方丹（Doué-La-Fontaine），它是欧洲最美的动物园之一，里面生活着很多稀有动物，它们被保护在一个奇怪的洞穴中。
02 41 59 18 58
www.zoodoue.fr

• 萨沃尼埃（Savonniéres）的溶洞，别忘了参观博物馆中那些奇怪的石化物。
02 47 50 00 09
www.grottes-savonnieres.com

玩一玩

• 参观位于卢雷斯罗谢默涅（Louresse）的穴居人村庄，这个村庄还有两片农场，里面饲养着家禽。
02 41 59 18 15
www.troglodyte.fr

• 参观位于蒙索洛（Montsoreau）的蘑菇房。顺便了解松露的采摘、菌类的知识，闻一闻花菇辛辣的香味。
02 41 51 70 30
www.troglo-sautauxloups.com

葡萄园

从桑塞尔县到昂热，卢瓦尔河谷的葡萄园是法国第三大葡萄酒产地。这里有红葡萄酒、粉红葡萄酒和白葡萄酒……

驴子的启发

中世纪时期，基督修道士的葡萄园里流传着这样一个传说：主教马丁有一头驴和两颗葡萄树，驴吃掉了其中一棵葡萄树的树叶。一年过去了，那棵被吃了树叶的葡萄树结出了一串串硕大的葡萄，而另一棵葡萄树结的果实却很小。从此以后，人们学会了修剪葡萄树！

修剪

通常，在圣-文森特节（1月22日）的第二天，就需要剪掉葡萄树上那些变形的小细枝。葡萄树的修剪对于葡萄的产量和质量影响很大。接下来了解让人眼花缭乱的葡萄树种类吧！酿造白葡萄酒的品种有苏维翁、卢瓦尔河皮诺、白诗南；酿造红葡萄酒和粉红葡萄酒的品种有科特、佳美、赤霞珠或品丽珠、果若和黑品乐。

装瓶

你知道葡萄酒是怎么酿造的吗？九月初是葡萄成熟的季节，人们用手或者机器采摘葡萄，然后把它们压碎，装在酿酒桶中5～20天。在这期间，葡萄所含的糖分会慢慢转化成酒精，这就是发酵。在过滤和装瓶之前，红葡萄酒还需要被保存在橡木桶中几个月。白葡萄酒和粉红葡萄酒，则需要立刻压榨并过滤好几次，以防止果皮的颜色不溶入酒中。真是堪比艺术家的工作啊！

❯ 需要冷藏！

即便是保存在酒瓶里，红酒的品质也会发生变化。有一些酒可以保存20年后再喝，但是要注意，酒不是保存在哪里都可以变陈的！其中，酒窖是藏酒的理想之地，因为酒窖全年都很凉爽，而且能避免葡萄酒受到光的照射。

🐟 看一看

• 安茹葡萄园和葡萄酒博物馆（Musée de la vigne et du vin d'Anjou），位于圣朗贝尔迪拉泰（Saint-Lambert-du-Lattay）。在这里，你可以看到种植葡萄的工具和箍桶匠使用的工具，还可以尝试玩一下馆中的谜语游戏！
📞 02 41 78 42 75
🌐 www.mvvanjou.com

• 伏弗莱白葡萄酒酒窖（Cave des producteurs de Vouvray），酒窖中有一部分长达2.5千米，藏有400万瓶葡萄酒。在出口处还可以免费品尝葡萄汁！
📞 02 47 52 75 03
🌐 www.cp-vouvray.com

葡萄酒词汇

葡萄酒也有自己的语言！

芳香和酒香：指气味和味道
口感浑圆：喝起来很舒服，口感均衡。
它有大腿或小腿：口感油质
它有身体：味道好
它有肉感：有稠度
它有一条漂亮的裙子：它的颜色很好
它很干：有一点儿甜
它很醇厚：比较甜
它很紧实：酒精量较多但是协调的
它的温度是室温：它的温度刚好合适
它有软木塞味：它有一种软木塞或者霉的气味和味道
它变酸了：这瓶不能再喝了！

运动 起来

你喜欢体验运动带来的快感吗? 欢迎来到热衷于赛车运动和各种球类运动的卢瓦尔河谷地区!

≫ 谜团和橡皮球!

大力球于1650年左右诞生于安茹,相传是卢瓦尔河上的水手们发明了这个游戏。这种球是用木头制作的,它的一端是扁平的,另一端添加了铅来增加重量。水手们在船上玩这个游戏,球的特殊构造还可以推进船的运动。实际上,大力球类似于作坊顶部带动风车转动的球,它的一端很容易磨损。

≫ 不要输球!

现在,大力球主要由塑料或木头制作而成,小很多,并且增加了一个铁制圆框,一边凹进去,是较轻的一端,另一边用一个螺钉增加重量,是较重的那一端。拿起这个球,你可能会被它的重量吓一跳,介于1.2公斤和1.5公斤之间呢。游戏的规则很简单,就是看谁能将球打到离目标球最近的地方。除了灵活还要有耐心,因为一

CRAC

聚焦 勒芒 24小时耐力赛

你听说过勒芒24小时耐力赛吗？这是一场赛车比赛，自1923年起开始举办，环形赛道长将近13千米，离勒芒很近。参赛的车辆要在24小时内不间断地行驶，3名车手轮番驾驶（1980年以前为2名车手）。同时，勒芒24小时耐力赛也是一个很大的节日，人们会欢庆一个星期。在这期间，参赛车辆的称重、检测、市中心赛车手的检阅以及其他各种活动，其精彩程度一点也不亚于赛场上的火热气氛。就算你不是赛车比赛的粉丝，相信你也会乐在其中的。由于勒芒24小时耐力赛获得了巨大成功，其他类型的比赛也相继被推出：勒芒24小时摩托车耐力赛、勒芒24小时卡车赛和勒芒老爷车经典赛等。对于热爱此类比赛的人来说，这简直就是一场狂欢盛宴！

你知道吗？ 在勒芒24小时耐力赛中，赛车所跑的路程长达5000千米，是里尔到马赛的距离的5倍！

看一看

● **大力球的制作，位于莫拉内（Morannes）**，全面了解这个奇特的球的制作方法。
☎ 02 41 42 18 44
🌐 http://labouledefort.free.fr

● **位于莱尔纳（Lemé）的Picroboule大力球历史中心。** 通过中心陈列的物品，你会了解这种游戏的历史和演变。
☎ 02 47 95 86 86

● **勒芒24小时耐力赛博物馆**，了解勒芒24小时耐力赛的历史，观赏博物馆陈列的参加过比赛的赛车。
☎ 02 43 72 72 24
🌐 www.lemusee24h.com

玩一玩

● **观看勒芒24小时耐力赛（24 heures du Mans）。** 汽车耐力赛日期是每年6月的第二个或第三个周末，摩托车耐力赛是4月，卡车赛是9月，勒芒老爷车经典赛是7月。全家人一起去吧，儿童免票！
☎ 02 43 40 24 24
🌐 www.lemans.org

场比赛可能会持续2~3个小时！需要注意的是，球的不平衡和两边突起的特殊球道，都会增加游戏的难度，因为球被打出去的时候路径通常是弯曲的，这就是这个游戏的乐趣所在！

美食大搜罗

卢瓦尔河谷地区汇集了丰富的制作美食的原材料，甜的咸的都有。下面的几款美食，会不会让你垂涎欲滴呢！

你知道吗？

1848年，布鲁瓦糖果商维克多－奥古斯特·蒲兰决定将巧克力当作甜点出售。在此之前，巧克力只有在药店才能买到！

熟肉酱

在卢瓦尔河谷，你能吃到美味的熟肉酱。自15世纪起，熟肉酱就成为了当地的特产！将猪肉煮熟，压碎后加入植物香料（百里香或者月桂树）、调味品（盐、大蒜等）或者其他香料，就制作完成了。除了用猪肉做的熟肉酱，还有鸭肉熟肉酱、鹅肉熟肉酱、熟三文鱼肉酱等。

隆塞金字塔形的奶酪、谢尔河畔塞勒榛子味的奶酪、图莱讷地区圣莫尔的柴形奶酪，这些奶酪自10世纪就已经存在了。还有哥洛汀达莎维翁奶酪，它的名字来源于一种模子，这个模子就是专门用来制作奶酪的……

谢谢小羊羔们！

卢瓦尔河谷有很多山羊，在用羊奶制作的奶酪中，最为著名的有法

压扁烘干的梨子！

卢瓦尔地区的果园盛产梨子，人们把梨子放在烤炉里烘干，变扁平后保存在广口瓶中。起初，

这道美食只是航海人员的"专利"。现在，人们将它浸泡在核桃酒中，加点糖，同样很美味。

尔日的一个名叫乔治·福里斯特的糕点师，他把它们叫做"福里斯特夹心糖"！

反烤苹果派

你认识塔坦姐妹吗？20世纪初，法国姐妹斯蒂芳妮·塔坦和卡罗琳·塔坦在索洛涅地区的拉莫特伯夫龙县经营一家酒店。相传姐妹中的一个因为忙碌而误制作出了一款焦糖反烤苹果派。自此，著名的塔坦派就诞生了。

烤饼的战争

作家弗朗索瓦·拉伯雷（1493—1553）非常爱吃烤饼，他甚至还把烤饼写入了他的小说《巨人传》中。快来尝一个加了熟肉酱或者山羊奶酪的热烤饼吧，那样你就会明白拉伯雷为什么如此热爱烤饼了！

糖果店

这里的糖果种类真是太丰富了！奥尔良科蒂尼亚的一种红色木瓜酱深受弗朗索瓦一世喜欢。蒙塔基的杏仁糖，是在巴旦杏仁上浇了一层焦糖。你知道是谁发明了糖果史上的第一颗夹心糖吗？是布

看一看

• 拉伯雷博物馆（Musée Rabelais），位于瑟伊利（Seuilly）。弗朗索瓦·拉伯雷出生于拉德维尼，你可以了解食人巨人卡冈都亚和庞大固埃的故事，他们非常贪吃，尤其是美味的食物。

📞 02 47 95 91 18

🌐 www.musee-rabelais.fr

• 福里斯特夹心糖之家（Maison des forestines），位于布尔日（Bourges）。除了参观这座商店，你还可以买到美味的巧克力夹心软糖、杏仁糖和核桃糖等。

昂热城堡
（Angers）

》 大事件

现在是1228年，法国国王路易九世还只是一个孩子。他的母亲布兰奇·德·卡斯提尔替他管理国家，她下令为昂热城堡修建一座城墙和17座塔楼。在这座坚固的城堡的庇护下，安茹的宫廷成为了整个法国最耀眼的宫廷之一。

》 历史的秘密

昂热城堡能够保存到今天，要感谢安茹省长的反抗！1585年，国王下令拆毁昂热城堡。当人们拆掉塔楼的屋顶后，安茹省长就叫停了。后来，城堡不仅没有被拆毁，反而因此变得更容易防守，因为人们可以在塔楼的顶端架设大炮！

不可错过

你见过足球场那么长的挂毯吗？这条挂毯是《启示录》（《圣经·新约》中最后一卷）中的场景。在圣人和天使之间，找出那些神怪动物，尤其是那个有七个豹子头的怪物。

教堂中只有一块彩绘大玻璃是旧的，你能找出它是哪一块吗？小提示：玻璃上画着国王安茹雷内穿着狩猎服跪着的画面。他做弥撒的房中曾经还配有壁炉！真舒服啊！

顺着磨坊塔楼的楼梯登上城墙。可以看到美丽的花园，好好欣赏这些芳香的植物吧！

走到猎鹰饲养场，里面专门饲养着打猎用的鹰。这里的鸟儿已经没有从前那么多了，但你仍然可以看到老鹰或者猫头鹰。棒极了！

实用信息

参观城堡时，你可以租用导游自动讲解机（3欧），购买一本导览书（2欧），书里有很多小游戏和谜语，能让你在趣味中了解城堡的历史。

当城堡里的囚室对外开放时，可以跟随导游一起前往参观。运气好的话，你还可以在饲养场里看到鸟儿过秤，或者观看演出，去之前一定要先咨询清楚！

昂热城堡

49100 Angers

02 41 86 48 77

http://angers.monuments-nationaux.fr

阿泽勒丽多城堡
（Azay-le Rideau）

❯ 大事件

阿泽勒丽多城堡始建于1518年，耗时将近10年，位于图兰地区的中心位置。建造期间，泥瓦匠们、石匠们和木匠们每天都在不停地忙碌着。

❯ 历史的秘密

其实，阿泽勒丽多城堡从来没有真正完工过。城堡主借了很多钱给国王，但却被控诉撒谎，于是不得不逃走了。弗朗索瓦一世趁机将阿泽勒丽多城堡没收，并赠送给了曾与他并肩作战的军官安东尼拉芬。

不可错过

文艺复兴时期的楼梯大都用花纹装饰。顺着楼梯往上走，你会发现法国的国王和王后都在注视着你。你认识弗朗索瓦一世吗？他戴着一顶羽毛帽。再往上走，是更久远的人物，其中有两个人的发型是文艺复兴时期的风格，你能认出他们吗？

你认识塞伯拉斯吗？它是一只拥有三个头的狗，在古罗马故事中主要负责看守地狱之门。你会在一间蓝色的房间里看到它，注意看，在牵着它的女人的手上，有一个什么东西？

在这座城堡中，有两把高背全扶手木座椅，是文艺复兴时期的。其中一把椅子上刻有主司爱的女神维纳斯的画像。

每一位国王都有自己的徽章，弗朗索瓦一世的徽章是蝾螈（蜥蜴的一种）。城堡内外有好几只蝾螈，只有一只是文艺复兴时期的，你能找出来吗？它的尾巴呈一个"8"字。

国王，国王，国王……

查理九世 – 亨利二世 – 亨利三世 – 弗朗索瓦一世 – 弗朗索瓦二世

将法国16世纪的这些国王按照时间顺序排列起来。

小提示：

▶ 爷爷是法国拥有这个名字的第一个国王

▶ 爸爸是法国拥有这个名字的第二个国王

▶ 儿子有三个不同的名字：第一个名字和爷爷的相同，第三个名字和爸爸的相同

答案：瓦卢瓦-昂古莱姆王朝：弗朗索瓦一世（1515—1547）– 亨利二世（1547—1559）– 弗朗索瓦二世（1559—1560）– 查理九世（1560—1574）– 亨利三世（1574—1589）

实用信息

领取旅行指南《dans la cour de grands》，里面配有游戏。

7—8月的每个晚上，城堡都有演出可以观看。被点亮的城堡和花园，如同仙境一般，非常漂亮！

城堡除了1月1日、5月1日和12月25日外，全年开放。

阿泽勒丽多城堡

🏠 37190 Azay-le-Rideau

📞 02 47 45 42 04

🄴 http://azay-le-rideau.
monuments-nationaux.fr

布卢瓦城堡 (Blois)

❯❯ 大事件

1498年，路易十二的御座设在布卢瓦城堡，这里成了皇家领地。国王不是总住在这儿，但他在这里迎娶了布列塔尼的安妮，他们的孩子也在这里长大。100年以来，布卢瓦城堡成功地举办过各种庆祝活动、王族婚礼和政治会议。

❯❯ 历史的秘密

为了削减母亲玛丽·德·美第奇的势力，路易十三于1617年将她流放到了布卢瓦。在这座黄金监狱度过两年之后，他的母亲成功地逃脱了。传说她是从窗户跳出去，然后顺着绳梯进入下水道逃出去的，计划得真周全啊！

不可错过

外墙：当你站在宫廷中时，你看到的不是一面外墙，而是五面外墙——完全不同的五面外墙！你最喜欢哪一面呢？

国家大厅：它是法国最古老也是最大的大厅之一，国王就是在这儿召集大臣。它建于1214年，室内长宽分别为30米和18米。

在这座城堡中，到处都是戴着皇冠的动物的身影，它们是国王和王后的象征：布列塔尼的安妮的象征物是白鼬，路易十二的象征物是箭猪，弗朗索瓦一世的象征物是蝾螈。真像一个动物园！

在廊柱上方和窗户周围，雕刻着一些夸张的漫画装饰图案。你认出国王的小丑了吗？他那带铃铛的帽子和笨伯杖，你注意到了吗？告诉你，他真的存在哦……

画一画

在下面这个徽章框中画一支百合花，它是王族的象征。

问答题

在国家大厅中，墙壁上共画有多少支百合花？

▶ 672
▶ 6 720
▶ 67 200

答案：6720

将下列国王和他们的王后连起来

1.查理八世
2.路易十二
3.弗朗索瓦一世
4.亨利二世
5.弗朗索瓦二世

A. 凯瑟琳·德·美第奇
B. 摩纳哥的斯蒂芬妮
C. 布列塔尼的安妮
D. 玛丽·斯图亚特
E. 法国的克劳德

答案：1C-2C-3E-4A-5D

实用信息

在城堡入口处领取一本导览手册，它能指导你更好地参观这些皇家建筑。

在假日期间，每天下午2点城堡都会组织一场家庭参观。你可以和爸爸妈妈一起，时长1.5小时。需提前预约。

观看演出《声音和光线》，它讲述的是发生在城堡里的历史故事。四月至九月的每天晚上22点上演。

布卢瓦城堡

🏠 41000 Blois
📞 02 54 90 33 33
e www.chateaudeblois.fr

香波城堡 (Chambord)

⤜ 大事件

弗朗索瓦一世在25岁时便决定在香波修建一座城堡。他选择了具有防御性的平面设计和文艺复兴时期的装饰风格，并特地从意大利请来了艺术家，其中就包括列奥纳多·达·芬奇。这座始建于1519年的巨大城堡，花了200年的时间才完工。

⤜ 历史的秘密

弗朗索瓦一世在香波城堡一共只待了72天！他在城堡的地板和天花板上都留下了他的名字的首字母F，其中有两个F是倒着的，人们说这是为了让上帝从天上看到它。让上帝看到法国国王的权利，多么勇敢的举动啊！

不可错过

参观天台，在天台还可以观看演出。演出是在尖尖的天窗、炮台和烟囱之间呈现的，非常具有魔幻效果。

在二楼的地板上，找一找大写的F。雕刻在石头上的蝾螈，有的嘴巴里吐着水，有的吐着火。数一数一共有多少只蝾螈？

在大厅，你会看到著名的双螺旋楼梯。当两个人从两组楼梯分别向上走时，相互间可以看见，但不会碰面。对于不愿意看到对方的两个人来说，这个设计简直太完美了！

公园美极了！如果你在公园看到了小鹿，不要惊讶，这里是小鹿的天堂，一道长32千米的围墙将公园围在了城堡里面，这也是法国最长的围墙！

我是谁？

我身上的颜色是黑黄相间的，根据我的性别，我的身长在15～30厘米之间，我重150克。我喜欢下雨和潮湿的地方，我住在森林的树干里或者叶子底下，我的寿命长达50年。我夜晚出来觅食，我爱吃蠕虫和鼻涕虫。我是一只友善的两栖动物，并且人们认为我可以扑灭火苗，穿越大火时能不被烧伤。我是国王弗朗索瓦一世的象征物。我是谁呢？

答案：蝾螈。

算一算

你知道吗，在城堡的地平面底下还有7米的高度。
- 用这个高度乘以8就可以得到灯塔的高度，这是城堡的最高点。用刚才得出的数字加上100就可以得到外墙的长度。
- 用这个高度乘以11就可以得到楼梯的数量。
- 用这个高度乘以40再加上2，就可以得到烟囱的数量。

答案：56米高（灯塔），156米长（外墙），77个楼梯，282个烟囱。

实用信息

城堡提供导览小册子（3欧），可以让你在玩乐的同时学到很多知识。

和居住在城堡的某一位成员一起参观，比如厨师让娜、国王的钟表匠朱利安等。跟随他们，你可以了解更多关于城堡的趣闻轶事。参观需要1.5小时。

问答：

香波城堡一共有多少个房间？
- ▶ 126
- ▶ 226
- ▶ 426

答案：426。

香波城堡

🏠 41250 Chambord
📞 02 54 50 40 00
🌐 www.chambord.org

舍农索城堡
(Chenonceau)

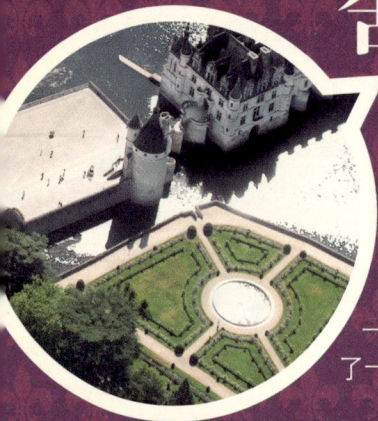

❯ 大事件

在舍农索城堡的历史中，有6位非常重要的女人。在她们之中，有一位来自普瓦捷的狄安娜，她是国王亨利二世的情人。1556年，她在谢尔河上修建了一座桥，后来王后凯瑟琳·德·美第奇在这座桥上建造了一个画廊。

❯ 历史的秘密

亨利二世曾经把舍农索城堡当作礼物赠送给了狄安娜。这真是一份美丽的大礼！但是，在亨利二世去世后，凯瑟琳·德·美第奇王后开始了她的复仇计划：她把狄安娜赶出了城堡，但还是给了她另外一座城堡——卢瓦尔河畔的肖蒙城堡。

不可错过

大画廊是一个神奇的地方，它长60米，面朝谢尔河开了18扇窗，还有两个粗大的烟囱。凯瑟琳·德·美第奇常常在这个热闹的地方举办各种奢华的宴会，门口的迎宾女佣统一穿着美人鱼的服装迎接客人！

亨利三世的王后露易丝的房间是城堡中最奇怪的地方，墙全部被涂成了黑色，上面还有泪珠甚至是代表死亡的图案。太吓人了！

城堡厨房的所有摆设都在原位：制作肉食的案板、面包案板和面包炉、烘焙室、配膳室……

一定要去狄安娜和凯瑟琳·德·美第奇的花园和菜园去看看，五颜六色，芳香四溢！你想玩迷宫？提醒一下，出来可比进去难得多哦！

对或错？

当法国的国王去世时，王后必须全身穿黑色衣服。

- -

答案：错。王后穿白色衣服。

猜一猜

舍农索城堡的法语拼写是Chenonceau还是Chenonceaux？

- -

答案：Chenonceau是城堡名，Chenonceaux是城市名。原本城堡名和城市名的拼写写是相同的，18世纪时，城堡的主人路易丝·杜班去掉了字母x，以示区分。

实用信息

在城堡入口，可以租一个Ipod，跟随厨房小学徒费列蒙的指引，将城堡上上下下参观个遍，他还会告诉你很多奇闻逸事哦！

在有圆屋顶的那个大厅里，找出曾经生活在舍农索城堡里的贵妇们，她们是穿着那个时期服装的一尊尊蜡像。

如果没有去谢尔河上乘坐小船，那么你的卢瓦尔河谷旅行就不算完整。在小船上，你可以近距离地观察城堡，还可以从拱桥下面穿行而过，离厨房非常近！

舍农索城堡

🏠 37150 Chenonceaux

📞 02 47 23 90 07

🌐 www.chenonceau.com

雪瓦尼城堡
(Cheverny)

≫ 大事件

　　1634年，在一个旧堡的基础上，雪瓦尼城堡被重新修建起来。新城堡沿袭了路易十三时期的风格，外观是对称的。这也是吸引埃尔热注意的一点，他在漫画中创造的木兰萨城堡，灵感正是来源于此。

≫ 历史的秘密

　　城堡主之所以拆掉雪瓦尼城堡的一些旧堡，是因为那些旧堡时常让他想起他的第一任妻子。他无意中发垸自己的妻子和其他男人有染，于是一气之下杀死了那个年轻的男人，而她的妻子选择了服毒自杀。为了迎娶第二任妻子，城堡主特意翻新了城堡。

不可错过

　　武器室里有数不清的珍宝！盔甲、长剑、亨利四世的行李箱……墙面是紫罗兰色，那是端庄的象征。

　　儿童房里全都是1860年时期的玩具：缝纫机、木马……想要让木马前进，不需要到处找踏板啦，转动它头上的马达就可以了。

　　猎狗中心非常值得一看。里面饲养着100只狗，你可以给它们喂饲料，它们会全部聚拢在一起吃吃吃！

　　丁丁博物馆绝对有看头！走进这位著名的漫画人物的房间，去发掘木兰萨城堡的秘密吧。祝你好运！

纽扣战争

雪瓦尼城堡猎人的纽扣象征着一只跳动的动物、一个物品和一个地名。你能指出是以下哪个吗？

一只跳动的动物：雄鹿 – 兔子 – 狐狸 – 母鹿 – 狗 – 野猪
一个物品：城堡 – 步枪 – 指示牌 – 褡裢 – 剑 – 树
一个地名：雪瓦尼 – 安茹 – 都兰 – 索洛涅 – 普罗旺斯 – 卢瓦尔

答案：母鹿 – 指示牌 – 索洛涅。

猜一猜

有着6000年历史的大角鹿，是什么动物的祖先呢？在上楼梯的时候，你会看到悬挂在墙上的鹿角。

▶ 雄鹿
▶ 驼鹿
▶ 大象

一件盔甲的重量是多少？

▶ 5公斤
▶ 20公斤
▶ 40公斤

答案：驼鹿。

答案：40公斤。

找另类

以下所列物品，有三个不是雪瓦尼城堡武器室中存放的物品。是哪三个呢？

弩 – 匕首 – 戟 – 剑 – 大头棒 – 锁子甲 – 盾牌 – 双手剑 – 手榴弹 – 弓 – 喷嘴 – 手枪 – 靴刺 – 短剑 – 三剑

答案：大头棒、手榴弹、三剑。

实用信息

乘坐电动汽车，穿梭于城堡中的公园，去看看那些松树和柏树。

不要错过猎狗中心的喂养时间。4月中旬至9月中旬时间为17点，9月中旬至第二年4月中旬时间为15点，周二、周末和打猎日不开放。

夏天来城堡，观看演出《声音和光线》。演员们穿着那一时期的服装，向大家讲述发生在雪瓦尼城堡的故事。

雪瓦尼城堡
🏠 41700 Cheverny
📞 02 54 79 96 29
🌐 www.chateau-cheverny.fr

瓦朗赛城堡
(Valençay)

≫ 大事件

这座建于文艺复兴时期的城堡拥有100个房间！1803年，拿破仑的外交部长塔列朗买下了这座城堡，拿破仑也支付了一部分费用。作为交换，每当有重要来宾时，拿破仑都要求塔列朗在这里举办奢华的接待活动。

≫ 历史的秘密

在第二次世界大战期间，卢浮宫的一些藏品藏在瓦朗赛城堡中。1944年，德国人想拆毁这座城堡，瓦朗赛公爵成功地阻止了他们！不然的话，法国就会失去很多珍贵的物品，比如皇冠上的宝石和维纳斯的雕像。

不可错过

入口塔：这座建筑物是方形的，炮塔的顶部是尖的，很容易让人误以为是主塔。当你走到塔身仔细看，会发现它的圆形小径和突廊都是假的，只是起装饰作用！

中庭的外观：你知道凡尔赛宫吗？瓦朗赛城堡和凡尔赛宫非常像，尤其是布满窗户的外墙。看看天花板，那些圆形的天窗就像牛的眼睛一样圆！

盥洗室：这是城堡中最私密的地方了！看到铜质的坐浴盆了吗，这绝对是19世纪的奢侈！

西班牙国王的房间：这实际上是一间单人囚室！1808年至1814年间，在拿破仑的统治下，瓦朗赛城堡对西班牙国王的"看管"做得非常到位。看看这些黑白纸张，上面记录了一幕又一幕真实的生活。很令人震惊吧！

帮助卢浮宫的守卫……

找到藏在迷宫中的维纳斯！
（标记了红色的地方是出发点，标记了黄色的地方是维纳斯的所在处！）

实用信息

穿着当代服装的演员们，用决斗、庆祝节日和幽会的方式向大家展示城堡过去的历史……夏天每天上演，周一除外。

儿童乐园中有很多有趣的游乐设施：滑滑梯、跷跷板、爬梯和秋千。

在拿破仑的迷宫中，解出谜题找到打开七扇门的密码，这样你就可以顺利进入皇帝的塔楼中。

农场里有很多可爱的动物，快去看看吧！

瓦朗赛城堡

🏠 36600 Valençay
📞 02 54 00 15 69
🌐 www.chateau-valencay.fr

维朗德里城堡
(Villandry)

≫ 大事件

1906年，医学博士卡瓦洛买下了这座城堡，他为城堡花费了很多时间和精力。他将城堡的外观重新修葺成文艺复兴时期的风格，之后又修建了很多花园，并不停地进行完善。这些花园，是维朗德里城堡中最引人注目的！

≫ 历史的秘密

维朗德里城堡曾经叫高龙比耶城堡。1189年，法国国王菲利普·奥古斯丁和英国国王亨利二世在这里签署了《高龙比耶和平协议》，菲利普·奥古斯丁重新夺回了掌握权。仅仅在两天之后，英国国王就去世了！

不可错过

内廷：从外面看，城堡的几何线条和窗户看起来都很工整。但你注意到了吗，没有任何东西是直的？由于主塔的关系，翼楼的长度是不同的，窗户也不在正中间！

儿童房：想象一下100年以前的儿童是如何生活的，看看他们当时穿的衣服和奶妈们的围裙。你能从这些玩具中找出玩具餐具吗？

观景台：这里是观赏"爱"花园最好的地方。爱心表达的是温柔的爱。你能认出热烈的爱和悲剧的爱是怎么表现的吗？在你看来，黄色意味着什么？

花园是城堡最精彩的部分，这也是法国最美的花园之一！参观的话就从菜园开始吧！九块方形的土地上种植着40种不同的蔬菜，不同的颜色聚集在一起，犹如组成了一个多彩的国际跳棋的棋盘。你见过蓝色的蔬菜吗？

实用信息

领取一个专门为游客定制的自动导游仪，跟随它参观城堡和花园！

在"小大人"游戏中，你可以在交互终端机上感受花园里的禁闭室。愉快地玩耍吧！

找到儿童游乐场，在迷宫中找到通往塔楼的小路。

维朗德里城堡

🏠 37510 Villandry

📞 02 47 50 02 09

🌐 www.chateauvillandry.com

城堡是由哪些部分组成的?

❶ 吊桥

在吊桥放下的时候，人们可以进出城堡。在吊桥收起的时候，城堡入口就被封住了。

❷ 钉齿耙

巨大的木栅栏或者铁栅栏，可以加固城堡大门。

❸ 护城河

在城堡的外围，环绕着一条河，这就是护城河。

❹ 护墙

城堡中两个碉堡之间厚厚的墙。

❺ 枪眼

城墙上的小孔，可以通过这里观察敌人或向敌人开枪。

❻ 突廊

朝敌人泼开水或者扔石头。

❼ 圆形小径

城墙顶端的小路，守卫会待在这里保护城堡。

❽ 城堞

城墙顶部在两个城齿之间凹下去的地方。城堞用来瞄准敌人。

❾ 城齿

城墙顶部在两个城堞之间凸起来的地方。城齿用来躲避敌人的射击。

❿ 城堡主塔

这是城堡中最重要的塔楼。城堡主有时会居住在里面。

⓫ 羊头撞锤

一根巨大的木头大梁，头部是铁做的，用来加强城门的坚固性。

⓬ 投石机

战争武器，用来摧毁城堡的城墙。一次可以连续发出100多公斤的炮弹。

⓭ 木质塔车

它跟城墙一样高，可以越过城墙攻打城堡。

卢瓦尔河谷城堡
快问快答

1 法国最长的河流是?

- a 塞纳河
- b 卢瓦尔河
- c 罗纳河

2 卢瓦尔河上商人的船是什么船?

- a 平底驳船
- b 小艇
- c 龙头船

3 什么类型的磨坊是不存在的?

- a 风力发动的
- b 水力发动的
- c 地力发动的

4 人们把修建得非常整齐、井井有条的花园叫什么?

- a 法式花园
- b 英式花园
- c 日式花园

5 人们如何形容一个人将花园修建得非常好?

- a 他拥有绿色的魔术
- b 他有一把开满鲜花的耙子
- c 他有一双绿色的手

6 一个懂得打猎的猎人必须知道:

- a 不穿袜子也会打猎
- b 没有猎狗也会打猎
- c 没有高跷也会打猎

7 弗朗索瓦一世的徽章是什么?

- a 蚂蚁
- b 刺猬
- c 蝾螈

8 当河水泛滥时,人们说什么?

- a 它从床上下来了
- b 它从巢里出来了
- c 它哭了

9 圣女贞德是如何称呼国王查理七世的?

- a 善良的乌龟
- b 善良的王子
- c 可恶的鲨鱼

10 被称为"小姑娘"的是什么东西?

- a 小碎金
- b 很小很脆弱的盔甲
- c 拴在脚踝上的沉重的链子

11 列奥纳多·达芬奇是：
- a 画家、厨师、建筑师
- b 画家、雕塑家、建筑师
- c 画家、园艺师、医生

12 《睡美人》的作者是谁？
- a 夏尔·佩罗
- b 让·德·拉封丹
- c 维克多·雨果

13 如何识别一只沙锥？
- a 它的嘴巴很小
- b 它的背朝下飞行
- c 它的飞行路线很蜿蜒

14 文艺复兴时期，女人们以什么为美？
- a 纤瘦的身材
- b 胡子
- c 小眼睛

15 丝从哪来？
- a 羊身上
- b 蚕
- c 杯子

16 对于高卢人来说，卢瓦尔河是什么？
- a 一条狂暴的龙
- b 一条鳝鱼
- c 一条巨蟒

17 卢瓦尔河上的水手们发明了什么游戏？
- a 大力球
- b 法式滚球
- c 强手棋

18 穴居屋是什么样的？
- a 没有屋顶的房子
- b 在岩洞中挖的房子
- c 在树丛中的房子

19 在勒芒24小时耐力赛中，赛车要不间断行驶多少千米？
- a 5 000
- b 5 500
- c 6 000

20 哪位作家爱吃烤饼，还把烤饼写入了他的小说中？
- a 弗朗西斯·培根
- b 弗朗索瓦·拉伯雷
- c 巴尔扎克

答案：
1-b, 2-a, 3-c, 4-a, 5-c, 6-b, 7-c, 8-a, 9-b
10-c, 11-b, 12-a, 13-c, 14-a, 15-b, 16-c,
17-a, 18-b, 19-a, 20-b。

趣味游戏

马儿，你叫什么名字？

根据提示，找出每匹马儿的名字：迪瓦在佩皮头的前面，米尔提在邦皮和佩洛玛之间，图中离房子最近的两匹马的名字的第一个字是相同的。那么，谁是谁？

算一算

以下每个图案都代表一个数字，算一算，看它们分别代表的是数字几？

找不同

找出下列两幅图中10处不同的地方。

趣味游戏

辨词游戏

在字母表中划出表格旁的词。如下图的例子，词语的拼写可以不是直线，但是每一个字母只能被使用一次。最后，表格中会剩下6个字母，拼起来就是卢瓦尔河畔常见的一种动物。试一试吧！

LAMPROIE MARINE 海士
LAPIN DE GARENNE 野

HÉRON 苍鹭
LIÈVRE 兔子
SANDRE 梭鲈
SANGLIER 野猪
SAUMON 三文鱼
STERNE 燕鸥

ANGUILLE 鳗鱼
BÉCASSINE 沙
BELETTE 鼬鼠
BROCHET 白斑
CANARD 鸭子
CERF ÉLAPHE

```
E L C H E C S A A L O I E
S L I U V A L N G A R A M
A N O G N A I I L M P R I
R E R Y S R E E E U I L N
O H I L A C E R R E T S E
N T A V N B N C V H N E E
A S I R A E I H E C R T T
U F N D O C S B R O E E N
M A I S A A S D E S T E G
O N E B N R A N A L O S I
E R L E E G I E V R E G U
N A G T T R L L E C L A E
N E E D N I P A R F E P H
```

CHEVALIER SYLVAIN 林鹬
CHEVREUIL 狍子
FAISAN 野鸡
GRANDE ALOSE 西鲱
GUIGNETTE 青脚鹬

上岸啦！

把卢瓦尔河里的四艘平底驳船挪进下图黄色的格子中。横排和纵排上面的数字表示相应的列或行最多能占用的格子数。如图所示，其中两艘船占用两个格子，另外两艘船占用三个格子。将所占用的格子涂上颜色。需要注意的是，不能让船相互碰到哦！

	0	5	0	1	1	3	0
1							
2							
2							
0							
1							
4							

信息破译

对照图后火星文字的提示，看看他们两个在说什么？

答案

p.70　马儿的名字分别是：A–邦皮，B–佩皮头，C–佩洛玛，D–迪瓦，E–米尔提。

算一算：青葡萄=2，紫葡萄=3，剪刀=4，树叶=1。

p.72　辩词游戏：CASTOR（河狸）

p.74　两人的对话为：

我想在这个石头房子里找到石块。（Dans la famille caillou je voudrais le petit pierre）

开挖吧！（Pioche）

p.71 找不同

p.73 上岸啦！

	0	5	0	1	1	3	0
1		■					
2		■				■	
2		■				■	
0							
1		■					
4		■		■	■	■	

旅行记事本

旅行记事本

参观过的
城堡：

参观日期：

和谁一起：

❯ 这座城堡是在什么时候修建的？

❯ 谁曾住在城堡中？

❯ 城堡有多少个房间？

❯ 你最喜欢哪个房间？卧室？厨房？还是其他的房间？
为什么？

❯ 你参观花园了吗？描述一下。

❯ 你印象最深刻的是什么？

画一画城堡，或将城堡的照片贴在这里。

旅行记事本

参观过的
城堡：

参观日期：

和谁一起：

❯ 这座城堡是在什么时候修建的？

❯ 谁曾住在城堡中？

❯ 城堡有多少个房间？

❯ 你最喜欢哪个房间？卧室？厨房？还是其他的房间？
为什么？

❯ 你参观花园了吗？描述一下。

> 你印象最深刻的是什么?

画一画城堡，或将城堡的照片贴在这里。

参观过的
城堡：

参观日期：

和谁一起：

❯ 这座城堡是在什么时候修建的？

❯ 谁曾住在城堡中？

❯ 城堡有多少个房间？

❯ 你最喜欢哪个房间？卧室？厨房？还是其他的房间？为什么？

❯ 你参观花园了吗？描述一下。

> 你印象最深刻的是什么？

画一画城堡，或将城堡的照片贴在这里。

参观过的
城堡：

参观日期：

和谁一起：

❯ 这座城堡是在什么时候修建的？

❯ 谁曾住在城堡中？

❯ 城堡有多少个房间？

❯ 你最喜欢哪个房间？卧室？厨房？还是其他的房间？
为什么？

❯ 你参观花园了吗？描述一下。

❯ 你印象最深刻的是什么？

画一画城堡，或将城堡的照片贴在这里。

第一次

❧ 在这次旅行中，你有没有第一次单独做一些事情？

❧ 哪些食物是你第一次吃？味道如何？

❧ 你有没有发现有趣的动物或植物？

画一画你看到的最美的风景！

尽情画吧！

最美好的 回忆

>> 贴上你最喜欢的照片……

画一画照片中没有
拍到的场景！

旅行记事本

≫ 这一页属于你，想画什么就画什么吧！

实用手册

1

昂布瓦斯城堡

早上9点15分，穿上由昂布瓦斯旅游局准备的凯撒大帝服装，跟随他们一起出发，参观穴居人的洞穴。这些洞穴就位于舒瓦瑟尔酒店的地下层 **A**。10点，参观位于舒瓦瑟尔酒店后面的昂布瓦斯城堡 **B**（p.31）。记得在入口处领取一部少儿导游讲解机和一张旅游导览图。

参观完毕后，就去歇歇脚吧！从城堡步行出发。到达国民街2号（2 rue Nationale）Bigot甜点店 **C**，面包片、煎蛋卷、派以及各种甜点，应有尽有。

休息过后，继续朝着克洛·吕斯城堡 **D**（p.29）前进！步行就可以到达，从甜点店出发，背朝卢瓦尔河，顺着维克多·雨果街（rue Victor Hugo）靠右前进，走到克洛街2号（2 rue du Clos Lucé），你就到达目的地啦！下午3点45分，在主厨马图琳娜的带领下，参观这座达芬奇曾居住过的城堡。记得领取一份小地图，可以快速找到你喜欢的地方。

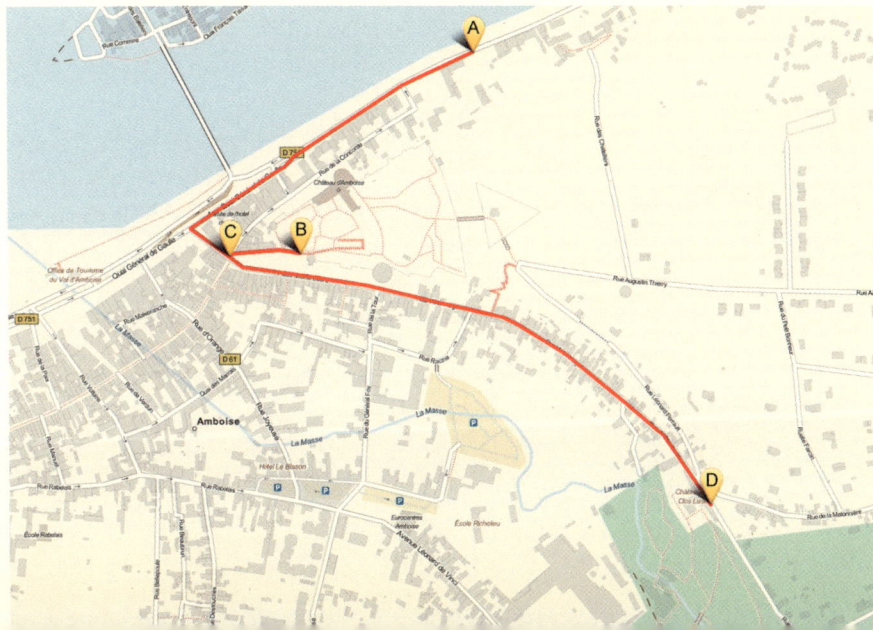

2 布卢瓦城堡 和香波城堡

用一个上午的时间参观布卢瓦城堡 A（p.52），美好的一天开始了！先领取一本小册子《教我认识布卢瓦皇家城堡》，里面的问答题和小谜题可以引导你边玩边参观。

走出城堡，你会看到一座用红黑砖砌起来的房子。这就是魔术屋 B。毫无印象？那就先等一等，每隔半小时，一条六头大龙会突然出现，让人害怕得直打冷颤！正对魔术屋，顺着右边的楼梯走下去，朝着路易十二广场走去，再沿着面前左边的第一条街——金银匠街（rue des Orfèvres）往前走，直至圣女贞德街（rue Jeanne d'Arc），右转再右转，到达亨利·德卢西街（rue Henri Drussy）9号，你会看到一家街边小餐厅（restaurant Au Coin d'Table）C，里面的菜式虽然简单但很可口。

下午，参观香波城堡 D（p.54），距离布卢瓦城堡15千米。城堡提供视频、音频等导览方式，你想怎么参观就怎么参观。城堡周围有一条长15千米的自行车道，你可以租一辆自行车或者雪铁龙罗莎莉老爷车，顺着车道去森林里看一看。旅行也不忘运动哦！

3 舍农索城堡

在舍农索城堡（p.56）逛上一整天你都不会觉得无聊！到达公园入口 **A**，顺着中央大道向前走，拐入左边第一条小路，和你的家人一起走走迷宫 **B**！在迷宫后面，可以看到美丽的女像柱，每一尊石柱都以女人的名字命名。接下来，沿着中央大道前进，一直走到位于森林中的城堡 **C**，开始参观吧！右边有一座标牌，标示着这是中世纪时期的最后一座城堡。参观之前，你可以领取一部音频讲解机，它是专为青少年定制的，有助于你了解这座城堡以及文艺复兴时期国王和皇后的故事。

参观完城堡，到桔园餐厅 **D**（restaurant L'Orangerie），就在中央大道的左边，饱餐一顿吧！

下午，乘船在小河上畅游一番如何？先到位于普瓦捷的狄安娜花园 **E** 的码头，租一艘带桨小船。游船结束后，从花园的左边走出来，参观凯瑟琳·德·美第奇花园和蠢驴花园，你会经过蜡像馆 **F**，里面矗立着一座座曾居住在舍农索城堡的贵妇们的雕像。

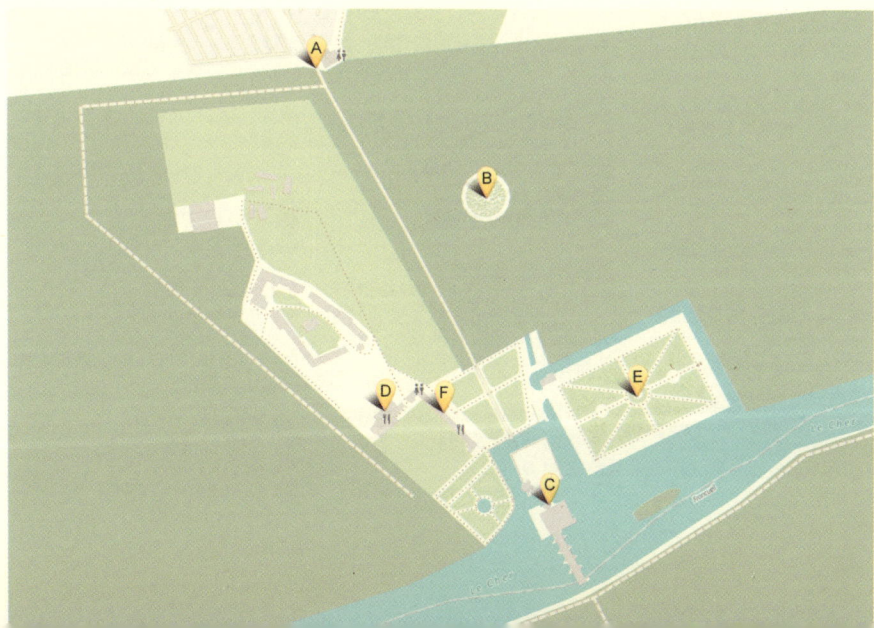

📞 02 47 96 60 84
或 02 47 45 46 89
🌐 www.troglodytedesgoupillieres.fr

窑洞–特罗奥
Cité troglodyte–TRÔO

特罗奥的窑洞非常值得一看。在地底的深处，一共有4个地方等着你去探索呢！

🏠 41800 Trôo
📞 06 88 53 52 69
🌐 www.troo.com

博物馆

迷你城堡公园–昂布瓦斯
Parc Mini-châteaux–AMBOISE

在迷你城堡公园，只需走几步，就可以欣赏卢瓦尔河谷最美丽的城堡。里面有45座迷你城堡，还有各种有趣的游戏等你来玩哦！

🏠 La Menaudière-D31-37400 Amboise
💰 14欧/10.5欧（4-12岁）/免费（4岁以下）
📞 02 47 23 44 57
🌐 www.decouvrez-levaldeloire.com

方泰瓦德修道院–方泰瓦德阿巴伊
Abbaye de Fontevraud–FONTEVRAUD-L'ABBAYE

这是欧洲最大的修道院之一！看看这里的地道、监狱和其他带有神秘色彩的房间，你能更详细地了解中世纪时期的金雀花王朝。记得在入口处领取一份参观导览图！

🏠 49590 Fontevraud l'Abbaye
💰 9.5欧/7欧/免费（8岁以下）
📞 02 41 51 73 52
🌐 www.abbayedefontevraud.com

古皮利埃穴居人峡谷–阿泽莱里多
Vallée troglodytique des Goupillières–AZAY-LE-RIDEAU

去探索那时的动物、城堡、森林小屋以及仙女的房子……

🏠 37190 Azay-le-Rideau
💰 6.5欧/5欧（5-17岁）/免费（5岁以下）

魔法屋–布卢瓦
Maison de la magie–BLOIS

巴拉巴拉巴！这是一间非同寻常的魔术屋，里面有各种魔法展示和演出：六头龙、奇幻走道、幻觉……神奇的魔术是不是让你大呼过瘾？

🏠 1,place du château, 41000 Blois
💰 8欧/5欧（6-17岁）/免费（6岁以下）
📞 02 54 90 33 33
🌐 www.maisondelamagie.fr

安茹葡萄园和葡萄酒博物馆–圣朗贝尔迪拉泰
Musée de la vigne et du vin d'Anjou–SAINT-LAMBERT-DU-LATTAY（p.41）

7把钥匙、7个箱子、7个可见可闻甚至是可以触到的谜题，解开它们，你就可以深入了解这座博物馆了！开始吧，夏洛克！

🏠 Place des vignerons,49750 Saint-Lambert-du-Lattay
💰 5.2欧/3.4欧（7-14岁）
📞 02 41 78 42 75
🌐 www.mvvanjou.com

蘑菇博物馆–索米尔
Musée du champignon–SAUMUR

走进博物馆的地下室，这是博物馆最值得观看的地方，你会了解很多关于蘑菇的知识。每年2月至11月开放。

🏠 St Hilaire St Florent, 49400 Saumur
💰 8.2欧/6欧（6-18岁）
📞 02 41 50 31 55
🌐 www.musee-du-champignon.com

巴郎大磨坊
Grand Moulin de Ballan（p.7）

这座磨坊坐落于谢尔河畔，圆形大磨盘悬挂在空中，根据水位的高低，人们可以自由攀爬。非常棒的设计！

🏠 37510 Ballan-Miré
📞 02 47 53 00 15
🌐 www.moulindeballan.fr

巴斯特尔大磨坊–卢瓦尔河畔莱斯罗谢尔
Moulin des Basses-Terres–LES ROSIERS-SUR-LOIRE（p.7）

这座磨坊建于1796年，最大的特点是可以将顶板收起来，让翼随风转动。别忘了去它的博物馆看看哦！

🏠 49350 Les Rosiers-sur-Loire
📞 02 41 51 82 93

索洛涅森林博物馆–罗莫朗坦朗特奈
Musée de Sologne–ROMORANTIN-LANTHENAY（p.11）

风俗、服装、住所、狩猎和古老的职业……在这座博物馆里，你可以了解到一切索洛涅的历史和传统，它们将不再神秘。

🏠 Moulin du Chapitre,41206 Romorantin-Lanthenay
💰 6欧/4欧（8-16岁）
📞 02 54 95 33 66
🌐 www.museedesologne.com

池塘之家–圣维阿托尔
Maison des étangs–SAINT-VIÂTRE（p.11）

这是一座非常活跃的生态博物馆，你可以详细了解从古至今的池塘历史。

🏠 2, rue de la poste, 41210 Saint-Viâtre
💰 5欧/2.5欧（6-16岁）
📞 02 54 88 23 00
🌐 www.maison-des-etangs.com

萨尔大磨坊–热纳
Moulin de Sarré–GENNES（p.7）

这个磨坊得以继续运转是因为一个磨坊家庭，他们依旧在用石磨生产面粉。

🏠 Sarré 49350 Gennes
💰 3.9欧/2.9欧（6-14岁）
📞 02 41 51 81 32
🌐 www.moulin-de-sarre.fr

偷猎纪念馆 – 尚镇
Maison du braconnage–CHAON（p.17）

跟着猫头鹰朱丽叶一起去寻找偷猎的秘诀吧。

- Route de Vouzon, 41600 Chaon
- 5欧／3欧（6-16岁）
- 02 54 88 68 68
- www.maisondubraconnage.com

石与光 – 索米尔
Pierre et Lumière–SAUMUR

在这座地下博物馆，你可以看到卢瓦尔河谷地区雕刻在石灰石上最美的建筑物。

- Route de Gennes, St Hilaire St Florent, 49400 Saumur
- 8.2欧／6欧（6-18岁）
- 02 41 50 70 04
- www.pierre-et-lumiere.com

装甲车博物馆 – 索米尔
Musée des blindés–SAUMUR

坦克、卡车、4x4驱动车、摩托车……800多辆一战时期和二战时期用过的装甲车，正等着你去参观呢！这绝对是一座令人印象深刻的博物馆！

- 1043, route de Fontevraud, 49400 Saumur
- 7.5欧／4.5欧（7-15岁）／免费（7岁以下）
- 02 41 83 69 95
- http://museedesblindes.fr

圣殿骑士团圣堂–阿尔维尔
Commanderie templière–ARVILLE

参观完后观看一场互动式的表演，生动再现了圣殿骑士团的历史。

- Route des Templiers, 41170 Arville
- 8欧／4欧（8-15岁）
- 02 54 80 75 41
- www.commanderie-arville.com

蜜蜂之家 – 维莱绍夫
Maison des abeilles–VILLECHAUVE

这座博物馆的外观形似蜂箱，在这里，你可以了解养蜂人这个职业，还有蜜蜂的一生。

- La Garionnière–RN10, 41310 Villechauve

- 4.5欧／3.5欧（5-18岁）／2.7欧（5岁以下）
- 02 54 80 33 39

圣女贞德故居 – 奥尔良
Maison de Jeanne d'Arc–ORLEANS（p.27）

这座房子的外墙是用木头做的，完全按照1429年她曾居住的样子重建。

- 3, place de Gaulle, 45000 Orléans
- 4欧／2欧（16-25岁）／免费（16岁以下）
- 02 38 68 32 63
- www.jeannedarc.com.fr

蘑菇房 – 蒙索洛
Saut aux Loups–MONTSOREAU（p.39）

在这里可以了解松露的采摘、菌类的知识，还可以闻到花菇辛辣的香味。

- Avenue de la Loire, 49730 Montsoreau
- 6.5欧／5欧（5-18岁）
- 02 41 51 70 30
- www.troglo-sautauxloups.com

溶洞 – 萨沃尼埃
Grottes pétrifiantes–SAVONNIÈRES（p.39）

钟乳石、地下湖和石瀑布，还有博物馆中那些奇怪的石化物，都值得一看！

- 37510 Savonnières
- 7.2欧／5.3欧（5-16岁）
- 02 47 50 00 09
- www.grottes-savonnieres.com

穴居人村庄 – 卢雷斯罗谢默涅
Village troglodytique de Rochemenier–LOURESSE（p.39）

这个村庄还有两块农场，里面饲养着家禽。

- Rochemenier, 49700 Louresse
- 5.7欧／3.3欧（6-18岁）
- 02 41 59 18 15
- www.troglodyte.fr

大力球制作中心 – 莫拉内
Fabrique de Boules de Fort–MORANNES（p.43）

全面了解这个奇特的球的制作方法。

- 9 rue René Morice, 49690 Morannes
- 02 41 42 18 44
- http://labouledefort.free.fr

24小时耐力赛博物馆 – 勒芒
Musée des 24 heures–LE MANS（p.43）

了解24小时耐力赛的历史并观赏参加过比赛的赛车。

- 9, place Luigi Chinetti, 72000 Le Mans
- 10欧／6欧（10-18岁）／免费（10岁以下）
- 02 43 72 72 24
- www.lemusee24h.com

拉伯雷博物馆 – 瑟伊利
Musée Rabelais–SEUILLY（p.45）

弗朗索瓦·拉伯雷出生于拉德维尼，好好了解食人巨人卡冈都亚和庞大固埃的故事吧！他们非常贪吃，尤其是美味的食物。

- 37500 Seuilly
- 5欧／免费（11岁以下）
- 02 47 95 91 18
- www.musee-rabelais.fr

蒙图瓦尔音乐博物馆
Musikenfête–MONTOIRE

这座博物馆藏有世界各地的古典乐器，并会定期举办工作坊和音乐会！

- Espace de l'Europe, 41800 Montoire
- 6欧／4.5欧
- 02 54 85 28 95
- www.musikenfete.fr

自然历史博物馆 – 布鲁瓦
Muséum d'histoire naturelle–BLOIS

通过视频放映、标本展示和有趣的游戏，你能了解生活在卢瓦尔河畔的动植物们的历史。

- 6, rue des Jacobins, 41000 Blois
- 3.5欧／2欧（12-17岁）／免费（12岁以下）
- 02 54 90 21 00
- www.blois.fr

莫里斯·杜夫莱纳博物馆 –
阿泽勒里多
Musée Maurice Dufresne–
AZAY-LE-RIDEAU
　　里面展出了3000件奇怪的物件：红色的滑翔机、真正的断头台、独行杀手的盔甲……
🏠 17, route de Marnay,
　　37190 Azay-Le-Rideau
💰 10欧 / 5欧 (6-15岁) /
　　免费 (6岁以下)
📞 02 47 45 36 18
🌐 www.musee-dufresne.com

动物园 / 水族馆

都兰水族馆 – 卢瓦尔河畔吕索尔
Grand aquarium de Touraine–
LUSSAULT-SUR-LOIRE
　　一条长30米的隧道可以让你近距离地观察鱼儿。你甚至还可以触摸它们，给鲨鱼、鳄鱼喂食。注意提前咨询喂食时间。
🏠 Les Hauts Boeufs,37400 Lussault-sur-Loire
💰 14欧 / 10.5欧 (4-12岁) /
　　免费 (4岁以下)
📞 02 47 23 44 57
🌐 www.aquariumduvaldeloire.com

博瓦尔动物园 – 圣埃南
Zoo de Beauval–ST AIGNAN
　　园内有很多有趣的游戏和表演，千万不要错过！
🏠 41110 St Aignan
💰 26欧 / 20欧 (3-10岁)
📞 02 54 75 50 00
🌐 www.zoobeauval.com

拉弗勒希动物园
Zoo de la Flèche
　　猎豹的奔跑、鹦鹉的飞行表演、北极熊的潜水……在这里，你会看到来自世界各地的动物们的表演，好好享受吧！
🏠 Le Tertre Rouge,
　　72200 La Flèche
💰 19.5欧 / 16欧 (3-11岁)

📞 02 43 48 19 19
🌐 www.zoo-la-fleche.com

疯狂动物园 – 勒芒
Spaycific'Zoo–LE MANS
　　在这座动物园，你可以看到澳洲犬、臭鼬、绒猴、多毛犰狳、罕见的鸟儿等。此外，还有游乐区，尽情玩耍吧！
🏠 72700 Spay
💰 10欧 / 8欧 (13-16岁) / 6.5欧
　　(1米以上) / 免费 (1米以下)
📞 02 43 21 33 02
🌐 www.zoospay.com

杜埃生态动物园 – 杜埃拉方丹
Bioparc zoo de Doué –
DOUÉ-LA-FONTAINE　(p.39)
　　在这座穴居公园，你可以看到很多奇特的动物，还可以在"小大人"游戏中体验一把做记者的感觉。
🏠 103, route de Cholet, 49700 Doué la Fontaine
💰 19.9欧 / 13.9欧 (3-10岁) /
　　免费 (3岁以下)
📞 02 41 59 18 58
🌐 www.zoodoue.fr

黑骑士马术团 – 索米尔
Cadre Noir–SAUMUR　(p.19)
　　一定要去参观这座享有盛誉的马术学校！运气好的话，说不定还能碰到一位骑士。7月份的骑兵竞技表演更值得一看！
🏠 Terrefort, 49411 Saumur
💰 8欧 / 6欧 (12岁以下)
📞 02 41 53 50 60
🌐 www.cadrenoir.fr

勒利翁当热尔种马场
Haras du Lion d'Angers (p.19)
　　在这里可以了解马儿们是如何长大的，还可以看到纯血种马和佩尔什马。
🏠 Parc Departemental de l'Isle Briand, 49220 Le Lion d'Angers
💰 7欧 / 4欧 (8-16岁) / 免费 (7岁以下)
📞 02 41 95 86 51
🌐 www.lelion-hn.com

佩斯彻瑞动物保护区 –
勒布雷伊梅利兹
Domaine zoologique de Pescheray –
LE BREIL SUR MERIZE
　　这是一个巨大的半野生森林动物保护区，里面有狼、野牛，还有沙袋鼠！
🏠 72370 Le Breil sur Mérize
💰 13欧 / 11欧 (13-17岁) / 9欧
　　(3-12岁) / 免费 (3岁以下)
📞 02 43 89 86 04
🌐 www.pescheray.com

圣洛朗德沃德尔 – 自然公园
Nutura Parc – ST LAURENT DES AUTELS
　　公园中最著名的动物是鹿，除了鹿，还有很多家养动物，如鸵鸟、牦牛、骆驼等。
🏠 49270 St Laurent des Autels
💰 11.3欧 / 6.8欧 (3-12岁)
📞 02 40 83 78 25
🌐 www.naturalparc.com

袋鼠园 – 拉波索尼埃
Jardin des kangourous–LA POSSONNIERE
　　嘭！嘭！它们怎么可以跳得这么高？参观完袋鼠园，你就知道啦！
🏠 49170 La Possonnière
💰 4.8欧 / 3.8欧 (3-11岁) /
　　免费 (3岁以下)
📞 02 41 72 65 50
🌐 www.lejardindeskangourous.com

自然景观

昂布瓦斯 – 尚特卢塔
Pagode de Chanteloup–AMBOISE
　　塔四周的景色是中式风格，附近还有很多游乐设施……复活节的时候，人们会在公园藏起4000种点心。

🏠 37403 Amboise
💰 10欧／8欧（7-15岁）／
免费（7岁以下）
📞 02 47 57 20 97
🌐 www.pagode-chanteloup.com

乘坐热气球
Art montgolfières
乘坐热气球，从空中欣赏卢
瓦尔河谷城堡，绝对是不一样的
感觉！
🏠 9, le petit Villeneuve, 41400
Saint Georges sur Cher
💰 180欧／人（只有家庭套票才
能享受此优惠价格，而且至少
4人一同乘坐）
📞 02 54 32 08 11
🌐 www.art-montgolfieres.fr

Maulévrier东方公园
Parc oriental de Maulévrier
这座日式花园由一座高棉寺
庙、红桥和天堂般的小岛组成。晚
上也可以进去游玩！
🏠 Route de Mauléon,
49360 Maulévrier
💰 7欧／6欧（12-18岁）／
免费（12岁以下）
📞 02 41 55 50 14
🌐 www.parc-oriental.com

游卢瓦尔河－罗谢科尔邦
Croisière sur la Loire–ROCHECORBON（p.5）
乘坐"圣－马丁－德－图尔
号"游船，在卢瓦尔河谷上观景。
🏠 56, quai de la Loire,
37210 Rochecorbon
💰 9.5欧／7欧（12岁以下）
📞 02 47 52 68 88
🌐 www.naviloire.com

Source花园－奥尔良
Parc floral de la Source–ORLÉANS
你可以漫步、赏鸟，还可以玩
各种有趣的游戏，观看蝴蝶、木偶
或精彩的演出等。不要错过！
🏠 Avenue du Parc Floral,
45072 Orléans
💰 6欧／4欧(6-16岁)免费(6岁以下)
📞 02 38 49 30 00
🌐 www.parcfloraldelasource.com

骑自行车游览卢瓦尔河谷－图尔
La vallée de la Loire à vélo–TOURS
骑自行车游览都兰地区的主要
景点。对于家庭出行来说，几天的
行程是非常理想的，中途还有歇息
的地方，非常方便。出发吧！
🏠 2, rue Jean Moulin, 41000 Blois
💰 220欧／人起
📞 02 54 78 62 52
🌐 www.randovelo.fr

贝尔赛森林－杜卢瓦尔城堡
Forêt de Bercé–CHÂTEAU-DU-LOIR
这是属于孩子们的农场、果
园，也是一本教科书，告诉你关于
森林和泉水的一切知识。它们都在
皇家橡树林等着你，赶紧来吧！
🏠 72500 Château-du-Loir

乘坐古老船只泛舟河上－堪德斯－圣－马丁
Balades sur l'eau en bateau traditionnel–CANDES-SAINT-MARTIN
它们曾是卢瓦尔河和维埃纳河
上的船只，早晨运送动物，黄昏运
送食盐。它们每天与卢瓦尔河畔为
伍。现在轮到你去感受它们了！
🏠 Port, 37500 Candes-St-Martin
📞 02 47 95 80 85
🌐 www.bateauamarante.com

Camifolia花园－谢米莱
Camifolia–CHEMILLE
每年的5月至10月，花园里都
有成千上万的花儿在开放，来感受
花儿的香气吧！
🏠 11, rue de l'Arzillé,
49120 Chemillé
💰 6欧／5欧（12-18岁）
📞 02 41 49 84 98
🌐 http://theatre-foirail-camifolia.com

乘坐皮划艇远行－沙洛讷
Balade en canoë kayak–CHALONNES-SUR-LOIRE（p.3）
每年的4月初至9月底，人们都
可以乘坐皮划艇远行，你可以在卢
瓦尔河上航行，也可以前往Louet
岛。
🏠 Le champ bu bois,
49290 Chalonnes sur Loire

📞 06 81 87 64 86
🌐 www.louetevasion.com

沿着卢瓦尔河骑自行车
Promenade à vélo（p.3）
这是亲近自然最环保的方
式之一。自行车租赁店可以将
自行车送到你住宿的地方。
🏠 Loire Vélo Nature 7 rue des
déportés, 37130 Bréhémont
📞 06 03 89 23 14
🌐 www.loirevelonature.com

自行车旅行
Le Vélo voyageur（p.9）
跟全家人一起选一个喜欢的
主题，然后骑着自行车去参观。
🕐 视出行时长而定
📞 01 80 91 98 18
🌐 www.levelovoyageur.com

都兰自然公园－卢瓦尔－安茹
Parc naturel régional –
Loire-Anjou-Touraine（p.15）
在一名向导的陪同下漫步公
园，你会看到栖居在这里的鸟
儿。详情可咨询蒙索罗公园。
🏠 15, avenue de la Loire,
49730 Montsoreau
📞 02 41 38 38 88
🌐 www.parc-loire-anjou-touraine.fr

索引

帮助你快速找到指南中提到的景点。

安德尔和卢瓦尔 (37)

昂布瓦斯城堡：p.31, p.37
阿泽勒丽多城堡：p.50-51
圣－马丁之夏：p.33
舍农索城堡：p.56-57
朗热城堡：p.23
莱梅雷：p.9, p.19
莱尔纳：p.43
罗锡城堡：p.23
罗谢科尔邦：p.5
萨沃尼埃：p.39
桑布朗塞：p.33
瑟伊利：p.45
图尔：p.33
维朗德里城堡：p.9, p.62-63
伏弗莱：p.41

杜卢瓦尔城堡和谢尔河 (41)

布卢瓦城堡：p.30, p.52-53
香波城堡：p.17, p.54-55
尚镇：p.17

肖蒙城堡：p.9

肖蒙城堡：p.9
雪瓦尼城堡：p.29, p.58-59
罗莫朗坦朗特奈：p.11
谢尔河畔圣乔治教堂：p.5
圣维阿托尔：p.11

卢瓦雷 (37)

希勒尔索布瓦：p.9
日安城堡：p.17
鲁里：p.33
韦尔尼松河畔诺让：p.9
奥尔良：p.11, p.27
卢瓦尔河畔圣本修道院：p.33
卢瓦尔河畔叙利城堡：p.23

曼恩－卢瓦尔 (49)

昂热城堡：p.48-49
卢瓦尔河畔沙洛讷：p.3
杜埃拉方丹：p.39
埃屈伊莱：p.25
热纳：p.7
勒利翁当热尔：p.19
卢雷斯罗谢默涅：p.39
蒙索洛：p.39
莫拉内：p.43
卢瓦尔河畔莱斯罗谢尔：p.7
圣朗贝尔迪拉泰：p.41
索米尔：p.19

小小环保旅行家

不管你是不是在度假，都可以在保护地球环境方面做得更好！做一些力所能及的事来保护海洋、陆地、植物、动物，最终也能保护我们人类自己。

散步的时候

迈开双腿走起来……记得走路时要抬头！让鼻子尽情呼吸，你会惊讶于不同的步伐能让你对城市的认识也不同！不仅如此，你还可以和父母一起骑车漫游。既可以在自行车道上骑车，也可以在河堤上骑车，注意周日河堤不开放哦！

在街上

不要随手丢垃圾，也不要丢在排水沟里！纸张、门票、空瓶子、易拉罐、食物垃圾、包装袋……所有垃圾都要扔进随处可见的垃圾箱里。不要给鸽子或其他鸟类喂食：这些行为是被禁止的！

在公园里

要爱护花草。你可以近距离观察它们，但是不能伤害它们，也不能采摘！不要在树上挂任何东西，也不要在树皮上刻名字，因为树木会受伤！

在博物馆里

不要用手触摸展品，用你的眼睛去欣赏它们吧！

如果你有同伴……

你若带着你的狗一起散步，别忘了随身携带一个塑料袋，用来捡它的粪便哦。

不管你是在家里还是在外度假，永远记得要给垃圾分类。

伊丽莎白·都蒙-勒·科内克，历史学家、记者，曾出版过多部儿童历史遗产书籍。她曾多次举办写作工作坊，带领孩子们书写有关骑士和海盗的故事。她还著有《纽约》，一并被收录在《爸妈带我看世界》系列丛书中。

图书在版编目(CIP) 数据

法国卢瓦尔河谷城堡 / (法) 科内克著；林娟译. -- 武汉：崇文书局，2016.5
（爸妈带我看世界）
ISBN 978-7-5403-2658-6

Ⅰ.①法…　Ⅱ.①科…②林…　Ⅲ.①旅游指南-法国-儿童读物　Ⅳ.①K956.59-49

中国版本图书馆CIP数据核字(2016)第073240号

Graines de Voyageurs Châteaux de la Loire : Copyright © 2011, Editions Graine 2

The simplified Chinese translation rights arranged through Rightol Media
(Email:copyright@rightol.com) and the Picture Book Agency
(Email: stephanie@thepicturebookagency.com)

出版发行：长江出版传媒　崇文书局有限公司
地址：武汉市雄楚大街268号·湖北出版文化城C座11层　430070
营销电话：027-87393855　　传真：027-87679712
印刷：湖北新华印务有限公司
开本：880mm×1260mm　1/16　　印张：7
版次：2016 年5 月第1版　2016 年5月第1次印刷
定价：28.00 元